世界最速!? **1分** *de* **決算書「分**

👉 決算書とは？

\ メインは**3つ**！ /

決算書
（財務三表）

損益
計算書
（P/L）

会社の
「運動成績表」
1年間の
会社の儲け
（運動成果）が
わかる！

貸借
対照表
（B/S）

会社の
「健康診断表」
会社の資産
（体つき）と
その内訳が
わかる！

キャッシュ・
フロー
計算書
（C/S）

会社の
「血流検査表」
会社の現金の流れ
（血流）や量が
わかる！

👉 分析とは？

\ 視点は**3つ**！ /

1 収益性をみる　儲かっているか？

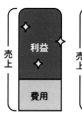

売上　利益　費用
売上　利益　費用

2 安全性をみる　ヤバくないか？

財産　借金　自分のお金
財産　借金　自分のお金

3 成長性をみる　今後はどうか？

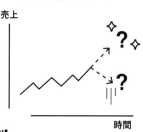

売上　？　？　時間

JN027709

「収益性」分析のキホン

① **営業利益率をみる**
（本業からしっかり利益が出ているかがわかる）

$$営業利益率（\%） = \frac{営業利益}{売上高} \times 100$$

- -

② **総資産利益率（ROA）をみる**
（資産を効率よく活かせているかがわかる）

$$総資産利益率（\%） = \frac{利益（当期純利益）}{資産} \times 100$$

- -

③ **自己資本利益率（ROE）をみる**
（株主にとって効率のいい会社かがわかる）

$$自己資本利益率（\%） = \frac{利益（当期純利益）※}{自己資本（純資産）※} \times 100$$

※厳密には、分母に「株主資本」、分子に「親会社帰属利益」

- -

④ **変動費と固定費の割合をみる**
（リスクとリターンの大きさがわかる）

売上　利益　損益分岐点　変動費　固定費

変動費が大きいほど
リスクとリターンは小
固定費が大きいほど
リスクとリターンは大

こんな時は「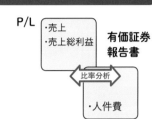をみる!」

Q.6 〔その他〕給与や人件費に対する会社の考え方を知りたい

決算書のココをみる!

有価証券報告書の中の「販管費明細」などに記載されている「従業員給付費用(人件費)」や、「従業員の状況」にある「平均給与」などを確認する。また、売上や売上総利益に対する人件費の割合を分析する。

有価証券報告書
- 従業員給付費用
- 平均給与

P/L
- 売上
- 売上総利益

比率分析

有価証券報告書
- 人件費

Q.7 〔安全性〕もっと深く倒産リスクを調べたい

決算書のココをみる!

決算短信や有価証券報告書の「注記」をみて、事業の継続を危険にさらす要因が書かれていないか確認。また、格付け会社が発表する「格付け」も参考にする。

決算短信など
- 事業の継続に関する注記

格付け会社の発表資料
- 当該企業の格付けランク

Q.8 〔成長性〕企業買収したみたいだけど、どのくらい大きくなった?

決算書のココをみる!

過去の貸借対照表(5〜10年分)をみて、総資産額の推移を時系列分析する。また、資産のうち、「のれん」の金額に注目。

B/S

- 総資産
5〜10年分
'21 '22 2023

B/S
- のれん

Q.9 〔安全性〕たくさん借入(借金)をして、大丈夫?

決算書のココをみる!

借入自体は悪いことではない。キャッシュ・フロー計算書を確認して、血流に問題がないか調べる。また、損益計算書の営業利益などから、インタレスト・カバレッジ・レシオをチェック。

C/S
- 営業CF は+or−?
- 投資CF は+or−?
- 財務CF は+or−?

P/L
- 営業利益
- 支払利息

Q.10 〔その他〕そもそもこの会社、どんな事業をしてるの? 戦略は?

決算書のココをみる!

「事業の内容」は有価証券報告書でわかる。また、国(地域)別の収益や、製品別の収益の状況は、「セグメント情報」を確認する。「企業の戦略や方向性」は決算説明資料でわかる。

有価証券報告書
- 事業の内容
- セグメント情報

決算説明資料
- 企業の戦略や方向性

世界最速!? 1分 de 決算書

Q.1 収益性 最近話題のあの会社、実際に儲かってるの?

決算書のココをみる!

過去の損益計算書(5〜10年分)から、売上や営業利益(率)を時系列分析する。また、総資産・純資産と純利益を比べて、ROAやROEの水準も調べる。新興企業で過去データが少ない場合は目論見書をチェック。

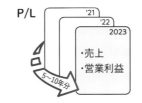

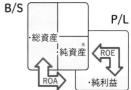

※厳密には純資産の中の株主資本額

Q.2 安全性 ヤバそう(倒産しそう)な会社かどうか知りたい

決算書のココをみる!

貸借対照表の「負債の部」と「純資産の部」のバランスや、自己資本比率を確認。また、キャッシュ・フロー計算書の「財務CF」をみて、借入金の状況をチェック(→Q.9も確認!)。

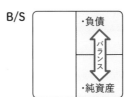

Q.3 成長性 今後、さらに大きく成長する可能性はある?

決算書のココをみる!

過去の損益計算書(5〜10年分)をみて、売上と利益の増加率を確認。また、貸借対照表(5〜10年分)で、総資産がどれほど増加しているのかも確認する。

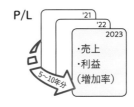

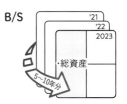

Q.4 収益性 ライバルと比べ、なぜあの会社は利益が減ったの?

決算書のココをみる!

両社の損益計算書の「原価」「販管費」を比較して、売上に占める人件費や物件費の割合を調べる。また、費用を「変動費」と「固定費」に分解して、割合の大きさを分析する。

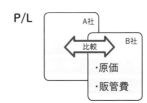

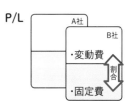

Q.5 その他 世界で通用する会社かどうか知りたい

決算書のココをみる!

決算短信や有価証券報告書に記載されている「セグメント情報」を確認する。また、国内と海外の売上、利益を確認し、比率分析を行う。

決算短信など

・セグメント情報

決算短信など

析」シート

まずはコレだけ！

本書を読み終えた
あとに復習としても
使えるシート

「安全性」分析のキホン

① **自己資本比率
をみる**
（自分のお金と
借金のバランスがわかる）

自己資本比率
（％）
高い方が安全

$$自己資本比率(\%) = \frac{自己資本}{総資本\left(\begin{smallmatrix}自己資本+\\他人資本\end{smallmatrix}\right)} \times 100$$

---

② **流動比率
と
固定比率
をみる**
（資金繰りに問題が
ないかがわかる）

流動比率
（％）
高い方が安全

$$流動比率(\%) = \frac{流動資産}{流動負債} \times 100$$

固定比率
（％）
低い方が安全

$$固定比率(\%) = \frac{固定資産}{純資産} \times 100$$

---

③ **インタレスト・
カバレッジ・レシオ
と
債務償還年数
をみる**
（金利の支払い能力や、
借金の返済能力がわかる）

インタレスト・
カバレッジ・レシオ
（倍）
高い方が安全

$$\frac{営業利益+金融収益}{支払利息}$$

債務償還年数
（何年）
低い方が安全

$$\frac{純有利子負債}{営業キャッシュ・フロー}$$

---

④ **キャッシュ・フローの
パターンをみる**
（営業CF→現金を生み出せているかがわかる
投資CF→投資しているかがわかる
財務CF→借金を返せているかがわかる）

営業キャッシュ・フローは
＋ or **－** ？

投資キャッシュ・フローは
＋ or **－** ？

財務キャッシュ・フローは
＋ or **－** ？

---

⑤ **運転資金を確認**
（事業の継続に必要なお金が
充分にあるかがわかる）

運転資金 ＝ 売掛金 ＋ 棚卸資産 － 買掛金

製造業で日商の60～70日分、非製造業で日商の
30日分の運転資金があれば、ひとまず安全。

「成長性」分析のキホン

① **売上高増加率をみる**
（昨年よりも売上が
どれくらい増えているかがわかる）

売上高増加率
（％）

$$売上高増加率(\%) = \frac{当期売上高 - 前期売上高}{前期売上高} \times 100$$

---

② **資産と
ROAの変化をみる**
（会社の規模の成長にともなって
利益も増えているかがわかる）

ROAの数値が変わらない、
または増加していれば、
資産の増加にあわせて
利益も増加して
いることがわかる！

	1年目	2年目	3年目
資産額		→	
ROA	5%	5%	5.5%

100分でわかる！

決算書「分析」超入門

ハーバードMBA
グロービス経営大学院 ファイナンス教授
佐伯良隆 Saeki Yoshitaka

2024

How To Read Financial Statements 2024 Edition 　 朝日新聞出版

はじめに

"超速"で決算書が

人の体に例える「最強・佐伯メソッド」で、驚くほどわかりやすい

これから決算書の読み方を学ぼうと思われている方も、何度かチャレンジして途中で投げ出してしまった方も、最初にひとつだけ伝えておきたいことがあります。

それは「**決算書は、その気になれば、誰でも知識ゼロから1日で読めるようになる**」ということです。

「信じられない」と思われるかもしれません。確かに決算書をみてみると、「営業利益」「流動資産」「財務活動によるキャッシュ・フロー」など、難しそうな単語や細かな数値がズラリと並んでいて、みるだけで読む気が失せてしまいそうです。

でも、それは"見かけ"だけの話。**要点がわかれば、意外なほどシンプル**で、ものの1時間で会社の業績を分析することも決して不可能ではないのです。

そう、大切なのは、細かな用語を覚えることではなく、本質を理解すること。そこで**本書では、決算書の特徴や会社の状態を「人の体」に例えて説明しています**。例えば、「自己資本比率が低下し、営業キャッシュ・フローがマイナスの状態」という説明も、「体を支える骨格が細り、体から出血している状態」と説明されれば、会社が今、どれほど危険な状態にあるか、直感的に理解できますよね。

本書では、私がハーバードの経営大学院で学び、銀行員、そして**ファンドマネジャーとして長年培ってきたノウハウ**を「佐伯メソッド」として、わかりやすくお伝えします。

たったの96ページ!? 本当に読むべきポイントだけをまとめました

決算書分析が難解なもうひとつの理由は、「情報量が多すぎる」ということです。

会計や決算書の解説本は、これまでにも数多く出版されていますが、その多くが細かい定義や会計のルールの説明に終始しており、初心者にとってはハードルの高いものとなっています。

しかし会計士や経理に携わる方以外、すべて覚える必要などありません。それよりも**知りたい情報だけを、素早く的確に読み解けるようになることが大切**です。

読めるようになる!

本書では、"決算書を分析することでビジネスに役立てたい"というニーズに応え、**本当に必要な部分だけを、徹底的にわかりやすく、かつ幅広くまとめています。**

項目ごとに、いちばん押さえておきたいポイントを「**ズバリ要点!**」として一言で表示。また、最初に知っておくと理解が早まる知識を「**まずはコレだけ!**」として短くまとめています。さらに、「**3つの視点**」と「**4つの分析方法**」を伝授することで、数値から会社の置かれた状況を読み解く"ものの見方"も養えるようにしました。そのうえで、基本〜分析編は100ページ以内におさめました。

映画1本、飲み会1回の時間で、決算書が読めるように

本書は、①超入門・基礎編（青緑のページ）→②分析編（オレンジのページ）→③実践編（赤のページ）と、3部の構成になっています。

- -

①超入門・基礎編（1〜2章）……財務三表の仕組みと要点をラクラク攻略!

②分析編（3〜5章）……会社の「収益性」「安全性」「成長性」を鋭く分析!

③実践編（6章）……話題となった会社の、最新の決算書をプロ目線で解説!

- -

①超入門・基礎編は、**決算書の仕組みや要点を最短・最速で解説。** 続く②分析編では、**学んだ知識を使って決算書分析の"予行練習"までできる**ようになっています。最後の③実践編では、これまで身につけた視点や手法を実際に応用して、最新の企業分析を行います。単調な解説ではなく、**決算書の数字をイラスト化し視覚的にわかるようにしたり、"会社のストーリー"が浮かび上がるような分析**を心がけました。また、付録として「**1分 de 決算書分析シート**」を、さらにグローバル企業を中心に採用が広がっている「**IFRS（国際財務報告基準）**」の解説も収録。

超入門から実践まで、人によっては、映画1本分（100分）くらいで決算書分析の大枠をつかめるはずです。まさに"超速"で最後まで一気に駆け抜けます。

この本を読み終わった後、皆さんに「決算書って、こんなに楽しく簡単に読めるんだ!」と感じていただければ、これほどの喜びはありません。　　　　　　佐伯良隆

100分でわかる！

決算書「分析」超入門2024

CONTENTS

第2章 超速! 30分でわかる 財務三表の読み方

基礎

どうですか？

う～ん
こりゃイカン

第**3**章 会社の「収益性」は ココをみる

分析（収益性）

第4章　会社の「安全性」はココをみる

分析（安全性）

第5章　会社の「成長性」はココをみる

分析（成長性）

第6章 実践 話題の会社の決算書を読もう

円安、インフレ、AIブーム、実際の影響は!?

装丁　　　　　　　　大下賢一郎
本文デザイン・DTP　小林祐司
イラスト　　　　　　加納徳博（1～5章）／大河原一樹（6章）
校正　　　　　　　　くすのき舎
編集・執筆協力　　　澤田憲
編集　　　　　　　　白石圭＋稲田遼祐（朝日新聞出版）
企画　　　　　　　　高橋和記

第1章

たった
12ページで
わかる
決算書の仕組み

決算書に書かれていることは大きく2つだけ！

ズバリ
要点！　決算書には、会社の「成績」と「健康状態」が書かれている！

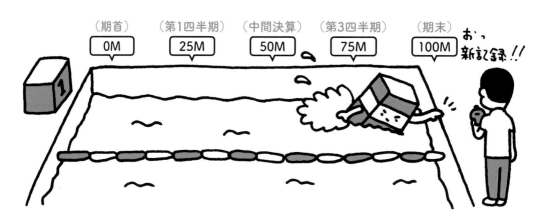

（期首）　（第1四半期）　（中間決算）　（第3四半期）　（期末）

0M　25M　50M　75M　100M　お、新記録!!

まずはコレだけ！①

決算書は会社の「成績表」！
決算書を読めば、その会社が1年間に、どのような活動をして、どんな結果を出したかがわかる。

どうですか？

う〜んこりゃイカン

まずはコレだけ！②

決算書は会社の「健康診断書」！
外見は健康的でも内臓が弱っている人がいるように、会社も表向きは立派でも赤字の場合がある。決算書をみれば、本当に健全な経営ができているか、「中身の状態」がわかる。

会社が1年間に行った活動の"成果"がわかる!

決算書は、**会社の"ありのままの姿"が書かれた情報の宝庫**です。決算書が読めると、例えばこんなこともわかります。

「CMをよく見かける大企業だけれど、数年後には倒産の可能性がある……」

「まだ無名の企業だけど、1年前に比べて3倍以上に成長している!」

このように決算書は、イメージや規模、自分の主観などに惑わされずに、書かれた数字**から会社の真価を見極めて客観的に知ることのできる最強のツール**なのです。

決算書には、大きく2つの役割があります。そのひとつが、**1年間の「成績表」**です。

そもそも決算とは、「ある期間に得た儲けや財産を計算して決定すること」をいいます。この"ある期間"を決算期といい、その初日を期首、最終日を期末といいます。

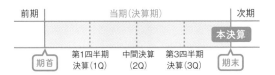

決算期は会社により異なりますが、日本の企業の多くは4月1日から3月31日までを1年間の区切りとしています。

決算書をみれば、この**決算期（1年間）に、その会社が「どんな事業で」「どれだけ成果（儲け）をあげたのか」**がわかるのです。

会社が好調か、不調か、"健康状態"がわかる!

さらに決算書には、**会社の「健康診断書」**というもうひとつの大きな役割があります。

例えばニュースなどで、突然有名人の訃報が伝えられ「あんなに元気そうだった人が、なぜ……」と、驚かれたことはありませんか?

会社もこれと同じで、見かけは大きくて頑丈そうでも、じつは体の中では内臓から血が出ていた（売上が落ちて赤字になっていた）り、骨がやせ細っていた（多額の借金があった）りすることがあるのです。これは決算書をみなければわかりません。

逆にいえば、決算書をみれば、**外側からはわからない会社の"体の中の状態"まで、かなり正確に知ることができます。**

ただし、ただ単純に「営業利益」「流動負債」といった決算書に書かれた用語を覚えるだけでは、会社の健康を脅かすリスク因子を見つけることはできません。仮に利益が伸びていても、裏では資金繰りが苦しくなっていてピンチ……、なんてこともあります。

つまり、売上や利益などの表面上の数字だけではなく、それを**ほかの要素と組み合わせて自分なりに考える（分析する）視点をもつことが大切**なのです。

何だか難しそうに聞こえますが、大丈夫。次のページから一歩ずつステップアップしてコツをつかめば、最後には必ず読み解けます。

超速! まとめ

①決算書は、会社の「成績表」と「健康診断書」

②1年間に、どんな活動をして、どれだけ儲けたのかがわかる

③外側からはみえない、会社内部の健康状態までわかる

そもそも、なぜ決算書が必要？

ズバリ要点！ 会社には、さまざまな「ステークホルダー（利害関係者）」がいる！

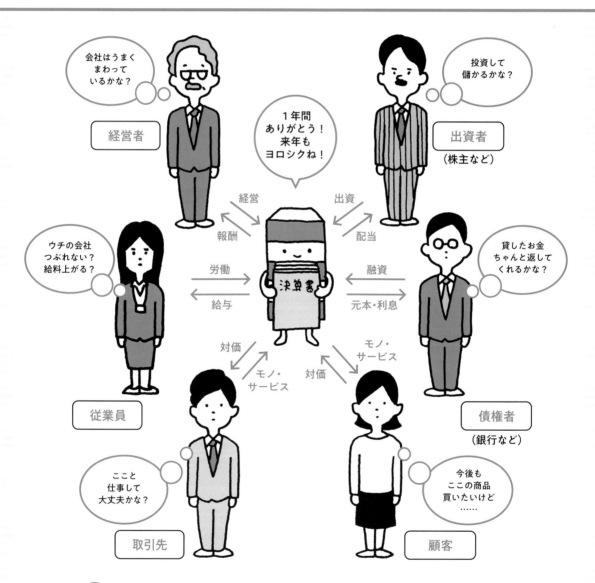

 正しく情報を報告して、会社を信頼してもらう

会社は、さまざまな利害関係をもつ人たちによって成り立っている。そのため会社には、毎年決算書というかたちで、利害関係者に対して経営状態を正しく報告する義務がある。

ステークホルダーにとって必要不可欠な情報を伝える

そもそも決算書は誰が何のために利用するのでしょうか。それにはまず、会社にかかわるさまざまな「ステークホルダー（利害関係者）」の存在を知らなくてはなりません。

ステークホルダーとは、やさしくいうと、会社の経営活動によって利益を得たり、逆に損害を被ったりする人のこと。経営者や従業員だけでなく、取引先や顧客、出資者（株主など）や債権者（銀行など）も含まれます。

決算書が何のためにあるのかを知るには、彼らが何を求めているのかを理解する必要があります。

例えば、会社にお金を出している出資者（株主）は「この会社に投資して儲けられるか」を、銀行などの債権者は「この会社にお金を貸して返してもらえるか」を気にします。

また経営者は「会社の経営にムダがないか」、従業員は「自分の働く会社には将来性があるか」を知りたいでしょう。

さらに取引先や顧客にとっては、その会社の実態を知るために決算書が使えます。

一方で、会社は、これらのステークホルダーから信頼を得られなければ、人材やお金を集められず満足な経営ができません。そのため**経営状態を正確に報告する義務が会社にはある**のです。

誰だって、今にも倒産しそうな会社に就職したり、利益が出ているかわからない会社にお金を貸したり、投資しようとは思いませんよね。つまり決算書は、経営の健全性を数値で示し、**ステークホルダーから信頼や協力を得るための資料**でもあるのです。

決算書は、どこで手に入る？

決算情報を得る方法は「決算短信」と「有価証券報告書」の2通りがあり、上場している会社なら、どちらもネットで簡単にみられる。

まずは決算短信で会社の大まかな経営状況をつかむのが、決算書を読み解くコツだ。

◎決算短信（単に「短信」とも）

そのものズバリ決算の要点を短くまとめたもの。年1回の本決算時だけでなく、四半期（3か月）ごとに公開されるため、会社の経営状態をタイムリーに知れるのがメリット。また冒頭に重要な数字がまとめられているので、わかりやすいのが特徴だ。

各社のウェブサイトにある「投資家向け（IR）情報」のページから閲覧できるほか、各証券取引所が提供している「適時開示情報閲覧サービス（TDnet）」からもみられる。

◎有価証券報告書

毎年、事業年度終了後から3か月以内（決算期が3月末の会社なら6月末まで）に公表される事業報告書。発表までに時間がかかるが、監査法人などの監査証明や財務局の審査を受けているため非常に信頼性が高いのが特徴。また、決算情報だけでなく、経費の明細や今後の課題、さらに役員報酬や従業員の給与などもまとめられているため、会社の実力を総合的な観点から評価できる。

金融庁が運営する「EDINET」からも閲覧可能。

超速！ まとめ

①**決算書はステークホルダーにとって重要な情報源**
②**「決算短信」は速報、「有価証券報告書」は確報**
③**まずは「決算短信」をチェック！**

決算書の基本は3つだけ!
①「損益計算書(P/L)」

ズバリ
要点!

決算書の中身は「運動成績表」「健康診断表」「血流検査表」!

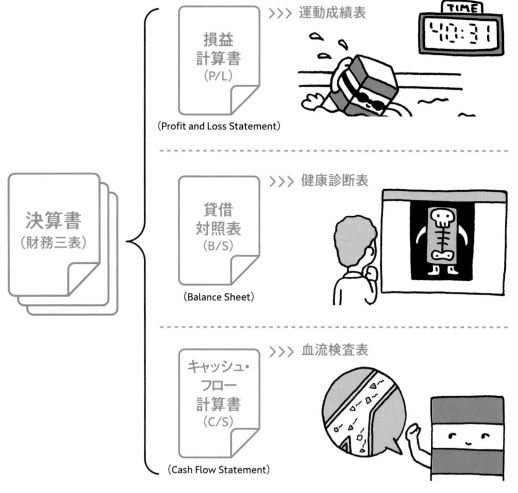

決算書
(財務三表)

損益
計算書
(P/L)
(Profit and Loss Statement)
>>> 運動成績表
TIME

貸借
対照表
(B/S)
(Balance Sheet)
>>> 健康診断表

キャッシュ・
フロー
計算書
(C/S)
(Cash Flow Statement)
>>> 血流検査表

まずは
コレだけ!

人に例えて、3つの表のイメージをつかむ

細かい説明よりも、まずはそれぞれの表のイメージをもつことが大切。会社を人に例えると、決算書は主に次の3つからなる。1年間の運動の成果をまとめた「損益計算書」、会社の体つきや健康状態を記した「貸借対照表」、血流(現金の流れ)が記された「キャッシュ・フロー計算書」だ。

3つの表さえ読めれば 9割OK!

ここからは決算書の中身について、もう少し具体的にみていきましょう。

決算書は、正式には「財務諸表」と呼び、会社の経営成績や財務状態を示したいくつかの書類でできています。

諸表というからにはたくさんありそうですが、会計士などの専門家を除けば、重視すべきは3つだけ。それが、「損益計算書」「貸借対照表」「キャッシュ・フロー計算書」の3表です。この3つの表をまとめて、特に「財務三表」といいます※。

この財務三表を読みこなせば、会社の経営状態について知りたい情報を十分に得られます。

そして、**この3つの表を組み合わせて分析することで、会社の成績や健康状態を正確に把握できるようになるのです。**

単純明快! 1年間の「儲け」がわかる「損益計算書」

ではそれぞれの表から、具体的にどんなことがわかるのでしょうか。さっそく1つ目の「損益計算書」をみてみましょう。

損益計算書には、「売上（＝モノやサービスを売って得たお金）」から、「費用（＝会社から出ていったお金）」を引いて、最終的に得た「利益（＝儲け）」が書かれています。

もっとわかりやすくするため、会社の経営活動を水泳に例えてみてみましょう。

例えば同じクロールで泳いでも、競泳の選手と素人ではスピードが全然違いますよね。

これは、競泳選手に比べて素人は、そもそも運動量が少なく、ムダな動きも多いからです。もし仮に同じだけ手足を動かしても（運動量が同じでも）、ムダな動きが多ければ最終的に進んだ距離には大きな差が生まれます。

これを会社の経営活動に置き換えると、次のような関係になります。

| 売上 | － | 費用 | ＝ | 利益 |
| 運動量 | | ムダな動き | | 進んだ距離・成果 |

水泳の素人と同じで会社も、仮に売上（運動量）が多くても費用（ムダ）が増えれば、利益（成果）は小さくなってしまいます。

つまり損益計算書からは、1年間で得た儲けだけでなく、**利益を得るために会社がどれだけ動いているか、動きにムダはないかといったことも読み取れるのです。**

超速! まとめ

① 基本は「損益計算書」「貸借対照表」「キャッシュ・フロー計算書」だけ
② 損益計算書を読めば、会社の1年間の儲けがわかる
③ 損益計算書からは、会社の運動量やムダな動きの大小もわかる

※ 本書で「決算書」という場合は、主にこの財務三表を指します

決算書の基本は3つだけ！
②「貸借対照表(B/S)」

ズバリ
要点！

「貸借対照表」で、
会社の"体つき"と"健康状態"がわかる

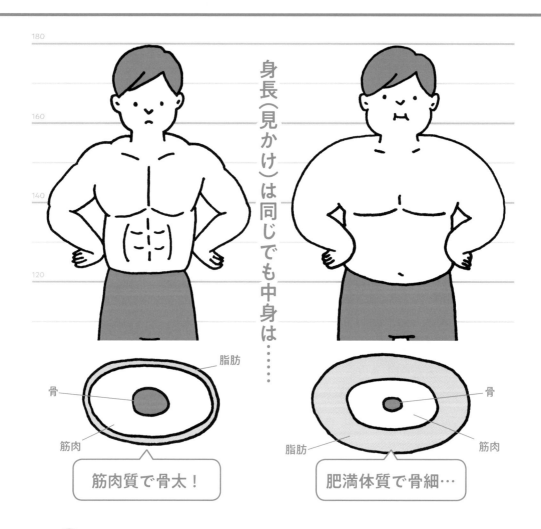

身長（見かけ）は同じでも中身は……

骨

筋肉

脂肪

筋肉質で骨太！

脂肪

骨

筋肉

肥満体質で骨細…

まずは
コレ
だけ！

人も会社も、健康は"中身"をみるまでわからない

体の大きさが同じくらいでも、一方が筋肉質で骨太なのに対し、もう一方は内臓脂肪が多く骨も細いかもしれない。このように、損益計算書ではわからない会社の中身（筋肉や骨格）の状態を示したものが、貸借対照表だ。

会社の「財産」と「元手」を まとめた「貸借対照表」

2つ目の表は、「貸借対照表」です。

貸借対照表には、「財産（=現金や原材料、土地、建物などの資産額）」と、それらを入手するためにかかった「元手（=銀行からの借入金や資本金など）」が記されています。

さて、先ほど、損益計算書からは会社の運動量やムダな動き、運動の成果がわかると説明しました。これに対し、**貸借対照表からは、会社の体つき（財産）と、それを支える骨格（元手）がどうなっているか**がわかります。

例えば、同じ身長、同じ体重の2人の男性がいるとします。しかし中身をのぞいてみると、筋肉や脂肪の量、骨の太さがまったく違っているかもしれません（→左ページ）。

貸借対照表は、そんな外からはみえない会社の体の内部や健康状態をCTスキャンのように正確に教えてくれるものです。

2章で詳しく述べますが、実際の貸借対照表は、「資産」「負債」「純資産」の3つの項目で示されています。

資産とは、いわば会社の財産です。一方、**負債と純資産は、財産を手に入れるための元手にあたり、負債は銀行などに借りたお金、純資産は返さなくてよいお金**と大まかに言うことができます。

まずは、これらの関係をあらわした次の式だけ頭に入れておけばOKです。

このように貸借対照表は、**資産という体つき（筋肉や脂肪）を、負債や純資産という骨格が支えている構図**になっています。

P/LとB/Sを組み合わせてみると 事業の“効率性”がわかる

貸借対照表は、損益計算書とあわせて読めば、会社のもつ実力をさらに正確につかむことができます。詳しくは3〜5章で解説するので、ここではさわりのみ紹介します。

例えば、競泳のタイム（成績）がまったく同じAとBがいるとします。一見、どちらも同じ実力に思えますが、Aが身長180cm体重80kgの立派な体格をした大人であるのに対し、Bが身長150cm体重40kgの子どもだったとしたら、いかがでしょうか。Bのほうが、体を効率的に使って結果を出しているといえそうですよね。

このように、損益計算書（成績）と貸借対照表（体つき）をセットで見比べれば、**その会社の経営の効率性、ひいてはどれくらいのポテンシャル（伸びしろ）があるか**といったことも予測できるようになるのです。

超速！ まとめ

①貸借対照表を読めば、会社の体つきや骨格がみえてくる

②貸借対照表には、会社の「財産（資産）」と その「元手（負債と純資産）」が示されている

17

決算書の基本は3つだけ!
③「キャッシュ・フロー計算書(C/S)」

ズバリ
要点!　「キャッシュ・フロー計算書」で、
会社の血液の"量"と"流れ具合"がわかる

コレまだけ!
①

血流の悪い会社は危ない!
貧血だったり、血液の流れが悪いと倒れてしまうように、会社も現金が足りなかったり、資金繰りが悪くなると危険。

営業活動　　　　投資活動　　　　財務活動

コレまだけ!
②

**3つの活動に分けて
現金の出入りをみる**
キャッシュ・フロー計算書では、「営業」「投資」「財務」の3つの活動ごとに、「どれだけの現金が出入りしたか」が示されている。

「現金の流れ」をまとめた「キャッシュ・フロー計算書」

最後は、「キャッシュ・フロー計算書」です。

キャッシュ・フロー計算書は、文字どおり、会社の「**現金（キャッシュ）の流れ（フロー）**」**を示したもの**。会社にとって、現金とは命をつなぐ「血液」そのもの。たとえいい体つきでも、血液が足りなかったり、ドロドロで流れなくなったりすれば、あっという間に倒れて（倒産して）しまうことだってあり得るのです。

ところで、損益計算書にも、すでに会社が儲けたお金や支払ったお金が書かれているのに、なぜわざわざキャッシュ・フロー計算書が必要になるのでしょうか。

じつは**損益計算書の売上や利益は、必ずしも「実際の現金の動き」を表しているわけではありません**。例えば、A社がB社に製品を納品し、その代金100万円の支払日が3か月後だったとします。その支払いまでの間に決算日があった場合、実際には売掛（ツケ）の状態でも、A社は"100万円をもらったもの"として売上に記載しなければなりません。

このように「**モノやサービスが提供された時点で売上や費用が発生する**」というルールを「**発生主義**」といい、損益計算書はこの会計の原則に従ってつくられています。

キャッシュ・フロー計算書は、こうした「ズレ」を正し、**実際の現金の流れをみえやすくしようという狙い**があるのです。

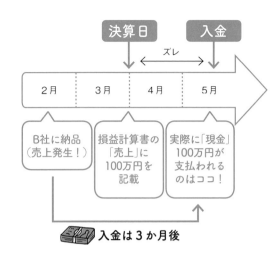

決算日　入金

ズレ

2月　3月　4月　5月

B社に納品（売上発生！）

損益計算書の「売上」に100万円を記載

実際に「現金」100万円が支払われるのはココ！

入金は3か月後

3つの活動からキャッシュ・フローを計算する

実際のキャッシュ・フロー計算書では、「**営業**」「**投資**」「**財務**」**の3つの活動に分けて現金の出入り**を把握します。詳しくは後述しますが（→P40）、「営業」とは商品やサービスを仕入れたり売ったりした活動、「投資」とは工場や設備の拡大や縮小にかかる活動、「財務」とは銀行にお金を借りたり返したりした活動などを表します。

そしてこれら3つの活動によって、実際に出入りした現金の額が、キャッシュ・フロー計算書に記されるのです。

P/L、B/Sに加えC/Sをみることで、例えば帳簿上は利益をあげていて調子のよさそうな会社でも、じつは**貧血（現金が足りない）**状態だったり、**出血（現金が流出している）**状態だったりといった、異常までもが察知できます。

超速！まとめ

①C/S（キャッシュ・フロー計算書）を読めば、会社の血流（現金の量と流れ）がわかる

②P/LとB/Sが見逃してしまう「ズレ」も、C/Sをみればわかる

③「営業」「投資」「財務」の3つの活動における現金の動きがわかる

3つの視点で 財務三表(P/L、B/S、C/S)をみる

ズバリ
要点！ 「収益性」「安全性」「成長性」の 3点に注目する！

儲かって いるかな？

収益性

倒産しない かな？

もっと大きく なるかな？

安全性

成長性

まずは
コレだけ！

自分がいちばん知りたいことを決める

会社にはさまざまなステークホルダーがいるが、知りたいことは概ね「儲かっているか」「倒産しないか」「大きくなるか」の3つに絞られる。知りたいことが明確なら、自然と分析方法も定まり、決算書をすばやく読めるようになる。

みるポイントは「収益性」「安全性」「成長性」の3つ

ここまで財務三表の大まかな特徴をみてきました。すでにお気づきの方も多いでしょうが、これらの**3つの表は密接につながっており、組み合わせて読むことで、はじめて会社の本当の姿を理解できます。**

詳しい分析方法は3〜5章で説明しますが、その前に、決算書を読むうえでとても大切な"3つの視点"についてお話しさせてください。

ここまでの説明で、それぞれの表が会社のどんな部分を表しているか、おおよそのイメージはつくかと思います。しかしそれらは、本当に知りたい情報を得るための"材料"に過ぎません。では、知りたい情報とは何か？

どんな会社の決算書でも、知りたいポイントは、たいてい次の3つに絞られます。

- ●収益性（儲かっているか？）
- ●安全性（倒産しないか？）
- ●成長性（今後、大きくなるか？）

つまり、それぞれの表に書かれた数字を読み取って、**この3つの問いに対する"答え"を自分なりに導き出せるようになることが、最終的なゴール**といえるのです。

そしてさらに大切なのは、この3つのうち「自分が特に何を知りたいのか」、明確な目的意識をもつこと。これによって決算書の見方もずいぶん変わってきます。

例えば、これから株の購入を考えている人なら成長性が、従業員なら安全性がいちばんに気になる人も多いでしょう。

このようにそれぞれの立場（利害関係）に応じて、**情報に優先順位をつけて分析できるようになれば、よりラクに、すばやく決算書を読みこなせるようになる**はずです。

そのための基礎として、次の章では、財務三表のより詳しい読み方をご説明します。

財務三表が読めるようになったら

P15で説明したとおり、決算書は正式には財務諸表といい、財務三表以外にも「株主資本等変動計算書」や「包括利益計算書」などの書類がある。

「株主資本等変動計算書」は、貸借対照表の「純資産（→P39）」の部分だけを切り取り、1年間（期首と期末）でどう変化したのか、その内訳と増減を一目でわかるようにした明細書のようなものだ。

これをみると1年間で得た利益のうち何割を社内に留保して（蓄えて）、何割を投資家に配当として配ったのかがわかるため、特に株主にとっては重要な書類となる。

もうひとつの「包括利益計算書」は、損益計算書ではみえない、資産価値の変動による影響までも含めた利益を算出した書類のこと（包括利益→P84）。

具体的には、会社の保有する株式の「時価評価」を反映させたりする。読んで字のごとく、損益計算書よりも包括的に会社の利益を計算した書類といえるのだ（時価総額→P68）。

超速！まとめ

①**財務三表を組み合わせれば、会社の真の姿がわかる**
②**「収益性」「安全性」「成長性」の"3つの視点"をもつ**
③**自分の知りたいことを明確にすれば、ラクに、すばやく読める**

「連結決算」とは何か？

　各会社の投資家向け（ＩＲ）資料をみると、「連結財務諸表（連結決算書）」という文字をよく目にします。この"連結"とは、何を指すのでしょうか。

　連結決算とは、簡単にいうと、親会社と子会社（連結子会社）、関連会社を含めた企業グループなどを、**１つの企業とみなし「合算して行う決算」**のことです。

　例えば、ソニーという企業グループをみてみましょう。ソニー本社は、電気機器メーカーですが、その傘下には、ソニー・ミュージックエンタテインメントやソニー銀行、ソニー損害保険など、さまざまな事業を行うグループ会社があります。

　親会社であるソニーと各グループ会社は、それぞれ単独で決算書を作成していますが（単独決算）、それとは別に、ソニーは企業グループのトップとして、自社とグループ会社の業績を合算した連結決算書も作成しているのです。その意味で**連結決算書は、"企業グループ全体の成績表"**といえるでしょう。

　なぜこのようなことを行うかというと、決算書を公表する上場企業のほとんどは、子会社を設立したり、他社に出資したりすることで事業を拡大しているので、それら関係会社の業績を加味しなければ、会社の経営状態を正しく把握できません。そのため投資家に対して、親会社はグループ全体の業績を表す必要があるのです。

　かつて、単独決算が主流だったころ、決算直前に親会社が子会社への販売を増やして利益を水増しするなど、会計操作の不正が見抜かれにくいといった問題点がありました。連結決算では、グループ内の会社間取引は、売上や利益から除かれるため、このような心配はありません。

　連結決算は欧米が先行していましたが、日本でも2000年3月期から証券取引法（現在の金融商品取引法）が大幅に見直され、現在は連結決算中心の開示になっています。

　これに伴い、会社の組織形態も変化しています。単なる親会社と子会社という関係から、持ち株会社（ホールディングカンパニー）の下に、異なる事業を行ういくつもの会社が存在するかたちへと移る会社が増えているのです。

　また、親会社も子会社も、ともに株式を上場している会社もあります。例えば、キヤノンとキヤノン電子や、日本郵政とゆうちょ銀行などです。この場合、子会社の連結決算書は、親会社の連結決算書の一部となっています。

第2章

超速！
30分でわかる
財務三表の
読み方

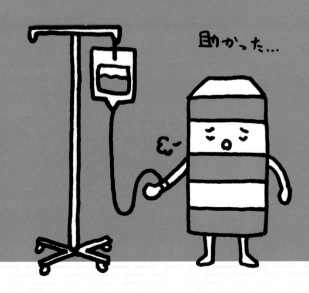

助かった...

これが実際の損益計算書！

損益計算書には "5つの利益" が示されている

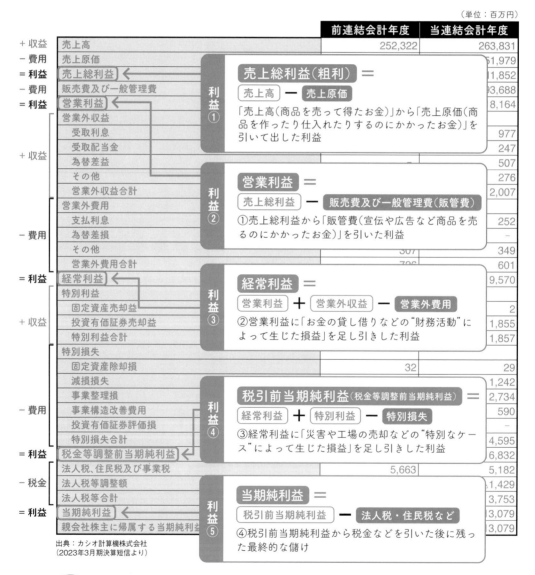

（単位：百万円）

		前連結会計年度	当連結会計年度
＋収益	売上高	252,322	263,831
－費用	売上原価		51,979
＝利益	売上総利益		11,852
－費用	販売費及び一般管理費		93,688
＝利益	営業利益		18,164
＋収益	営業外収益		
	受取利息		977
	受取配当金		247
	為替差益		507
	その他		276
	営業外収益合計		2,007
－費用	営業外費用		
	支払利息		252
	為替差損		―
	その他	307	349
	営業外費用合計	796	601
＝利益	経常利益		9,570
＋収益	特別利益		
	固定資産売却益		2
	投資有価証券売却益		1,855
	特別利益合計		1,857
－費用	特別損失		
	固定資産除却損	32	29
	減損損失		1,242
	事業整理損		2,734
	事業構造改善費用		590
	投資有価証券評価損		―
	特別損失合計		4,595
＝利益	税金等調整前当期純利益		6,832
－税金	法人税、住民税及び事業税	5,663	5,182
	法人税等調整額		1,429
	法人税等合計		3,753
＝利益	当期純利益		3,079
	親会社株主に帰属する当期純利益		3,079

売上総利益（粗利）＝
売上高 ― 売上原価
利益①
「売上高（商品を売って得たお金）」から「売上原価（商品を作ったり仕入れたりするのにかかったお金）」を引いて出した利益

営業利益＝
売上総利益 ― 販売費及び一般管理費（販管費）
利益②
①売上総利益から「販管費（宣伝や広告など商品を売るのにかかったお金）」を引いた利益

経常利益＝
営業利益 ＋ 営業外収益 ― 営業外費用
利益③
②営業利益に「お金の貸し借りなどの"財務活動"によって生じた損益」を足し引きした利益

税引前当期純利益（税金等調整前当期純利益）＝
経常利益 ＋ 特別利益 ― 特別損失
利益④
③経常利益に「災害や工場の売却などの"特別なケース"によって生じた損益」を足し引きした利益

当期純利益＝
税引前当期純利益 ― 法人税・住民税など
利益⑤
④税引前当期純利益から税金などを引いた後に残った最終的な儲け

出典：カシオ計算機株式会社
（2023年3月期決算短信より）

損益計算書は、「上から下へ」読んでいく
一番上の「売上高」からスタートして、さまざまな場面で生じた収入や支出（費用）を足し引きし、最後に「当期純利益」というゴールに行き着く。

基本は「売上（収益）－費用＝利益」の繰り返し

2章では、財務三表それぞれの仕組みと読み方のコツを"超速"でみていきます。

はじめは損益計算書（P/L）です。

損益計算書では、売上から費用を差し引くことで「**会社が1年間で得た利益（儲け）**」がわかることは、前に説明しましたよね（，P15）。その関係を式にすると、次のようになりました。

さて、ここで導き出される利益は、じつはひとつではありません。**損益計算書には、上から下に進むに従い、段階的に"5つの利益"が示されています。**

その内訳は、左表のとおりです。

それぞれの特徴については、次ページから詳しく説明しますが、みるべき利益が5つもあると計算するのも読むのも大変そうに感じますよね。

でもご安心を。左ページの表に示したとおり、①→⑤の順に先ほどの「売上－費用＝利益」の計算を繰り返すだけで、それぞれの利益が自然と出るようになっています。

5つの利益から好不調の原因がみえてくる

それにしても、なぜわざわざ利益を5つに分けて出すのでしょうか。会社の成果だけを知りたいのであれば、売上高とそこから差し引く費用の合計額、それに最終的な儲け（当期純利益）だけがわかれば十分な気もします。

しかしそれだけでは困ることがあるのです。例えば、ある会社のある年の売上高が10億円で最終的な儲けが2億円だったとします。ところが次の年に、売上高は11億円に増えたのに、儲けは1億円に減ってしまいました。その「原因」は、一体何でしょうか？

こうしたとき「売上」や「費用」という項目で会社の収支を一くくりにしてしまうと、どこで儲けて、どこで損をしたかがわかりません。

人に例えるなら、競泳の個人メドレーで、最終タイムと順位だけでなく、4泳法それぞれのタイムを知りたいですよね。そうすれば、どこを改善すればより好タイムが出せるのかが、よくわかります。

要するに、**会社の好調（健全）な部分と不調（ムダ）な部分が、それぞれどこにあるのかをはっきりさせる**ために、項目を細かく分けて利益を示しているのです。

超速！ まとめ

①損益計算書は「上から下へ」読んでいく

②基本は「売上（収益）－費用＝利益」を繰り返すだけ

③各利益と費用をみれば、好不調の原因がどこにあるのかわかる

損益計算書(P/L)を読み解くコツを速攻で習得!

ズバリ要点! それぞれの利益から「4つの実力」が透けてみえる!

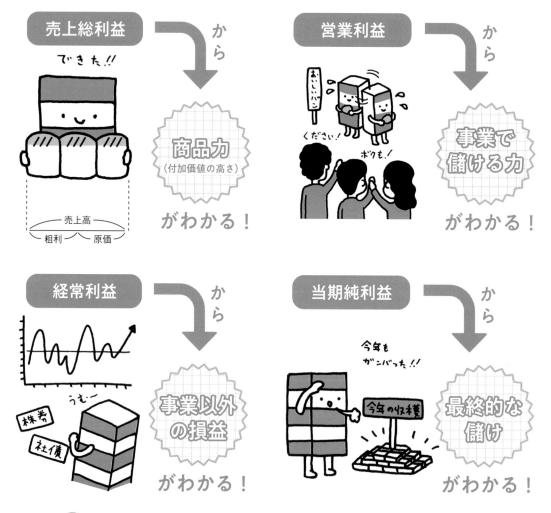

売上総利益 → から 商品力（付加価値の高さ）がわかる！

営業利益 → から 事業で儲ける力 がわかる！

経常利益 → から 事業以外の損益 がわかる！

当期純利益 → から 最終的な儲け がわかる！

まずはコレだけ！

まずは、各利益で何がわかるか、ザックリ知ろう

税引前当期純利益を除く「4つの利益」から、会社が「どの領域」で、「どれくらい稼いでいるのか」がわかる。

前項では、損益計算書に示されている５つの利益の概要を説明しました。では各々の利益から、具体的に会社の何がわかるのでしょうか。上から順にみていきます。

１つ目は「売上総利益」です。

売上総利益とは、商品（モノやサービス）を売って得た利益である「売上高」から、モノを作ったりサービスを提供したりするために直接支払った費用である「売上原価」を引いて求められる利益です。より簡単に「**売上総利益＝商品代－商品を作る（仕入れる）のにかかったお金**」と覚えても構いません。

では、「商品を作る（仕入れる）のにかかったお金」とは具体的に何でしょうか。

例えば、食パン１斤を作るために必要なものを考えてみてください。食パンの原料となる小麦粉や卵、牛乳などを買うお金（原料費）は当然要りますよね。そのほかに食パンを作る職人を雇うお金（人件費）、食パンを焼くオーブンにかかるお金（減価償却費→P28）、オーブンを動かすための電気代（水道光熱費）なども欠かせません。

こうした費用のうち、実際に売れた商品に費やした分が売上原価になります（→右コラム）。また、上記は製造業の例ですが、スーパーや家電量販店などの小売業であれば、店頭に並べる商品を仕入れたときの購入費用（仕入代金）などが売上原価となります。

さて、商品を売って得た代金からこれらの売上原価を引いて求められる売上総利益は、「粗利」とも呼ばれ、いわばすべての利益のおおもとです。ここからそのほかのいろいろな損益を足し引きして、より厳密（純粋）な

利益を出していきます。そのため売上総利益をどれだけ確保できるかで、会社の「儲ける力（＝最終的な利益）」が、かなりの割合で決まってしまうといっても過言ではありません。

詳しくは３章で解説しますが、売上高に占める売上総利益の大きさは「会社の競争力」を判断する指標といえます。**売上総利益の割合が大きいほど、商品（モノやサービス）の付加価値が高い**、つまりお金を稼ぐ力が高いということです。業種や販売戦略によって利益を確保する方法は異なりますが、**会社の商品力を知る手がかり**になります。

「費用収益対応の原則」

左で、小麦粉などの原料費は売上原価に含まれると書いたが、じつはすべての小麦粉の購入費が売上原価になるわけではない。どういうことか。次の例を考えてみよう。

◎とあるパン屋の1年
①年度初め（期首）の時点で、倉庫に小麦粉が２袋残っていた
②３か月後（期中）に、６袋仕入れた
③結局使ったのは５袋だけで、年度末（期末）の時点で３袋が残った

この場合、仕入れた小麦粉の数は６袋であるが、売上原価になるのは実際に使った５袋だけ。つまり「1年間（期中）に商品を作り販売した分の数（金額）」しか、売上原価にはならないのだ。使わなかった分は在庫となり、「棚卸資産→P36」とみなされる。こんな計算の仕方をする理由は、会計が「**売上（収益）に対してかかった費用をできるだけ厳密に対応させよう**」とする「**費用収益対応の原則**」に基づいているから。こうすれば利益をより正確に把握できるのだ。

利益② 営業利益 ＝ 売上総利益 － 販売費及び一般管理費

２つ目は「営業利益」です。

営業利益は、１つ目の利益の「売上総利益」から、**商品を売ったりＰＲしたりするための費用**である「販売費及び一般管理費（略して販管費）」を引くことで求められます。

販管費について、先ほどと同じくパン屋を例に考えてみましょう。

当たり前ですが、焼きあがったパンをキッチンに放っておいても売れません。パンをお金（売上）に変えるためには、例えばお店を借りたり、チラシを作って配ったり、ホテルやレストランなどに売り込みにいったりと"商品を売るための活動"が必要です。また、店舗やオフィスを構えれば、"維持したり補修したりするための管理業務"も欠かせません。

このような販促活動や維持・管理にかかる費用（経費）が販管費として計上されます。

そして売上総利益からこの販管費を引いて求められる営業利益は、会社が「**本来の事業でどれだけ稼げているか**」を表します。

主な販管費

人件費	給与や賞与、退職金、法定福利費など、社員に対して支払う費用
広告宣伝費	新聞やWEB広告、テレビCMなど、広告掲載や宣伝にかかる費用
研究開発費 （R＆D費とも）	新商品の開発などにかかる費用
減価償却費	固定資産（→P37）の価値が減った分を費用とみなしたもの（→下コラム）
地代家賃	会社が使用する土地や建物の賃料
リース料	会社で使用する機材やサーバーなどを借りるのにかかる費用
通信費	電話代やネット使用料、郵送代など
消耗品費	文房具などの事務用品やトイレットペーパーなどの備品の購入費用

その理由は、営業利益を計算するまでに、通常の事業活動で生じる費用のすべてが引かれているからです。事業に必要な資源を「ヒト」「モノ」「カネ」の３つに分けるとすると、このうち「ヒト」「モノ」にかかる費用のほとんどは、売上原価と販管費に含まれています。

「減価償却」とは何か？

会計に馴染みがないと、どんな費用なのかイメージしにくいのが、減価償却費。減価償却とは、一言でいえば、製造機器や自動車など、**高額な事業用設備の費用を複数年にわたって少しずつ償却（経費として計上）していく仕組みのこと**。例えば、20万円のパソコンを買ったなら、4年にわたって毎年5万円ずつ経費として計上することになるのだ※。

なぜわざわざこんなことをするのか。「費用収益対応の原則」（→P27）を思い出してみよう。

パソコンは、3〜5年と長期間にわたって使用するのが普通だろう。2年目以降も売上に貢献しているのに費用として計上しないのは、売上と費用を対応させる原則から遠ざかってしまう。また、ビルや工場など非常に高額な買い物をした年は、たとえ本業

で儲かっていても、購入した年の費用が莫大になり利益（会社の実態）を正しく表せなくなる。

このようなことを防ぐために、高額な固定資産は、法律で定められた年数（食料品製造用設備なら10年、パソコンなら4年など）で費用を等分して、「毎年少しずつ価値を減じて償却する」ことが決められているのだ。

パソコン（取得価額20万円）の場合

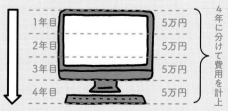

※ 定額法（固定資産の耐用年数に応じて、毎年同じ額の減価償却費を計上する方法）の場合

事業での儲けを表す営業利益は、会社の収益性を分析するうえで、**銀行や投資家などのプロが重要視する利益**です。なぜなら、その会社が「株や資産の売却に頼らず、本業で稼げているか」を判断するための指標だからです。

営業利益が重要な理由はもう１つあります。

それは１つ目の利益である売上総利益に比べて、営業利益は業種や業態（商品の売り方）による差が小さく、**会社の実力（稼ぐ力）を比べるうえで有効な目安になる**からです。

例えば家電メーカー（製造業）の場合、小売業に比べて売上原価（製造原価）は小さく、粗利は大きいのが一般的です。一方で、自社製品を宣伝するためにCMを打ったり、新商品を開発するために莫大な研究開発費をかけたりと、多額の販管費を支払っています。

対して、家電量販店（小売業）は、仕入に大きな原価がかかるため、粗利は小さくなりますが、販管費は、販売員の人件費や地代家賃くらいで、広告宣伝費や研究開発費はそこまでかかりません。

このように業種や業態で、"利益の確保の仕方"は異なります。そこで会社の実力を測る（特に、異業種の企業の収益性を比較する）うえでは、**事業に必要な費用をすべて差し引いた後の営業利益で比べる必要がある**のです。

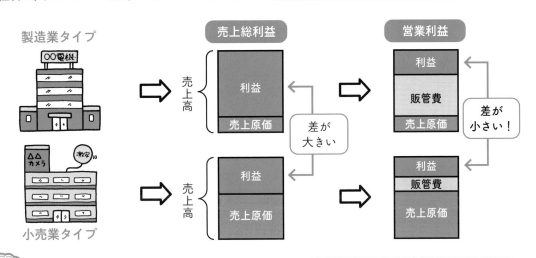

製造業タイプ　小売業タイプ
売上総利益　営業利益
売上高　利益　売上原価　差が大きい　利益　販管費　売上原価　差が小さい！

+α キリコミ！ 「直接費」と「間接費」

売上原価と販管費の項目を見比べて、どちらにも「人件費」が含まれていることに、疑問を感じた方もいるかもしれない。じつはこれも大きな意味で「費用収益対応の原則」に則っているのだ。

売上原価に含まれる人件費は、商品を作る職人や工員に支払われる給与。対して、販管費に含まれる人件費は、販売員や営業担当者、事務員などに支払われる給与である。

２つの人件費を区別する違いは「**製造に直接かかった費用かどうか**」。これにより同じ人件費でも、売上原価になるか販管費になるか変わるわけだ。

このように「商品の製造やサービスの提供に直結する費用」を「直接費」と呼び、「製造や提供に直接かかわらない費用」を「間接費」と呼ぶ。

これは「ヒト」（人件費）だけでなく、「モノ」にかかる費用も同じ。例えば「地代家賃」の場合、製造に必要な工場の賃料は直接費として売上原価になる一方、商品を販売・管理する店舗や事務所の賃料は間接費として販管費に含まれるのだ。

直接費（売上原価）	間接費（販管費など）
・工場の作業員などの人件費	・事務所（本社）社員の人件費
・商品の原材料費（仕入代金）	・商品の広告宣伝費
・工場の地代家賃 など	・事務所や販売所の地代家賃 など

３つ目は「経常利益」です。

経常利益は、２つ目の利益の「営業利益」に、「営業外で生じた収益や費用」を加味することで求められます。

例えば、会社のお金を銀行に預けていれば「利息」を受け取ることができます。また、株式を保有していれば、「配当金」や「売却益（キャピタル・ゲイン）」を得ることも可能です。

逆に、銀行からお金を借りていれば、利息を支払わなければなりません。また、売却のタイミングによっては、株式取引で損失を被ることも十分にあり得ます。

このような"営業外"（事業以外）で生じる収益や費用を「営業外損益」と呼びます。

先ほど28ページで、事業に必要な資源を大きく「ヒト」「モノ」「カネ」の３つに分けて説明しましたが、このうち「カネ」にあたる部分が、営業外損益になります。

つまり経常利益とは、**会社の事業での儲けだけではなく、「財務活動」に関する収益や費用までを考慮した利益**なのです。

経常利益は、別名「ケイツネ」とも呼ばれ、「会社が経常的に（安定して継続的に）利益を生む能力」を表す数値として、日本では長年重要視されてきました。営業利益がたくさんあっても、多額の借金があれば利息も膨らみ、経常利益は小さくなってしまいます。

そのため経常利益からは「会社の事業を支えている骨格が何か（借金か、自分のお金か）」（→Ｐ33）が透けてみえてくるのです。

主な営業外収益(＋)

受取利息	預金や貸付金から発生する利息
受取配当金	所有する株式から得られる配当金（ただし自社の株式からの配当金は収益として認められない）
為替差益	為替レートの変動によって、商品や金融資産の売買を円換算したときに発生する利益
引当金の戻し入れ	損失の発生見込みがなくなった引当金（→Ｐ38）の戻し入れによる利益
雑収入	上記の科目に当てはまらない営業外収益

主な営業外費用(－)

支払利息	金融機関や取引先からの借入金などに対して支払う利息
為替差損	為替レートの変動によって、商品や金融資産の売買を円換算したときに発生する損失
各種引当金	将来発生する可能性がある損失をあらかじめ引当金（→Ｐ38）として計上した場合の費用
雑損失	上記の科目に当てはまらない営業外費用

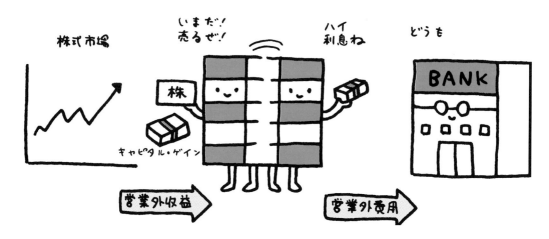

利益④ 税引前当期純利益 ＝ 経常利益 ＋ 特別利益 ー 特別損失

　４つ目は「税引前当期純利益」です。

　税引前当期純利益は、文字通り「**税金を引く前の利益**」で、後は法人税などを引けばゴールとなります。では、なぜわざわざこの利益を出す必要があるのでしょうか。

　税引前当期純利益は、３つ目の利益の「経常利益」に、「**特別な事情で生じた収益や費用**」を加味することで求められます。この特別な事情とは、例えば地震などの災害によって工場が使えなくなったことによる損失や、業績不振からやむなく事業を売却して得た利益などを指します。

　このような一時的な要因で発生した利益（特別利益）や費用（特別損失）までを含めた利益が、税引前当期純利益なのです。

主な特別利益（＋）

固定資産売却益	固定資産を売却して得た利益
投資有価証券売却益	事業とは直接関係のない、投資目的で保有する国債や有価証券を売って得た利益

主な特別損失（ー）

固定資産除却損	固定資産を廃棄して発生した損失
投資有価証券売却損	事業とは直接関係のない、投資目的で保有する国債や有価証券を売って発生した損失
災害損失	火災、地震、台風などの災害により発生した損失
損害賠償損失	損害賠償金を支払ったことによる損失
事業整理損失	事業の再構築などにより発生した損失

利益⑤ 当期純利益 ＝ 税引前当期純利益 ー 法人税などの税金

　最後は「当期純利益」です。

　先ほど説明したとおり、４つ目の利益の「税引前当期純利益」から「法人税」や「地方税（住民税）」などの税金を引いたものが当期純利益。これこそが、**会社が１年間で得た最終的な利益（成果）そのもの**といえます。

　さらにこの当期純利益は、会社にとってだけでなく、**株主への利益配分を決める重要な数値**となります。一般的に、株主に対しては年２回、中間決算と期末決算のときに、保有する株数に応じて当期純利益から配当金が支払われます。この当期純利益に対する配当金の割合を「配当性向」といい（例：当期純利益が10億円で配当総額が２億円のとき、配当性向は20％となる）、配当を重視する株主にとっては重要な指標となります。

　その意味で、当期純利益の大きさは、「**株主に対する実りの多さ**」を判断する指標になるといえるでしょう。

超速！ まとめ

①５つの利益には異なるストーリーがある

②利益の裏にある費用を分析することが大切

③特に重要なのは、営業利益と当期純利益の２つ

これが実際の貸借対照表！

ズバリ 要点！ 表の左側にお金の「使い方」が、右側に「集め方」が示されている

【左】　【右】

（単位：百万円）

資産の部	前連結会計年度	当連結会計年度
流動資産		
現金及び預金	98,093	86,775
受取手形	242	159
電子記録債権	1,190	1,062
売掛金	27,583	28,997
有価証券	37,000	43,899
製品	44,829	46,401
仕掛品	5,704	5,846
原材料及び貯蔵品	10,284	12,869
その他	6,462	6,776
貸倒引当金	△619	△470
流動資産合計	230,768	232,314
固定資産		
有形固定資産		
建物及び構築物	58,673	59,176
減価償却累計額	△44,358	△45,684
建物及び構築物（純額）	14,315	13,492
機械装置及び運搬具	15,030	15,268
減価償却累計額	△12,249	△13,076
機械装置及び運搬具（純額）	2,781	2,192
工具、器具及び備品	34,869	36,277
減価償却累計額	△32,123	△33,671
工具、器具及び備品（純額）	2,746	2,606
土地	33,046	33,094
リース資産	8,447	9,454
減価償却累計額	△4,566	△5,299
リース資産（純額）	3,881	4,155
建設仮勘定	616	883
有形固定資産合計	57,385	56,422
無形固定資産	9,920	10,760
投資その他の資産		
投資有価証券	16,496	10,197
退職給付に係る資産	15,849	16,133
繰延税金資産	5,268	7,724
その他	1,617	1,702
貸倒引当金	△28	△28
投資その他の資産合計	39,202	35,728
固定資産合計	106,507	102,910
資産合計	**337,275**	**335,224**

負債の部	前連結会計年度	当連結会計年度
流動負債		
支払手形及び買掛金	19,235	16,650
短期借入金	235	239
1年内返済予定の長期借入金	8,000	25,500
未払金	15,988	15,201
未払費用	12,328	13,040
未払法人税等	2,429	2,471
契約負債	4,841	3,391
製品保証引当金	720	700
事業整理損失引当金	-	32
事業構造改善引当金	1,082	794
その他	6,808	5,526
流動負債合計	71,666	83,544
固定負債		
長期借入金	41,500	24,000
繰延税金負債	1,291	1,291
事業整理損失引当金	-	407
事業構造改善引当金	320	612
退職給付に係る負債	653	690
その他	2,948	3,080
固定負債合計	46,712	30,080
負債合計	118,378	113,624
純資産の部		
株主資本		
資本金	48,592	48,592
資本剰余金	50,137	50,123
利益剰余金	124,416	126,694
自己株式	△12,263	△14,397
株主資本合計	210,882	211,012
その他の包括利益累計額		
その他有価証券評価差額金	2,626	1,911
為替換算調整勘定	3,705	8,459
退職給付に係る調整累計額	1,684	218
その他の包括利益累計額合計	8,015	10,588
純資産合計	218,897	221,600
負債純資産合計	**337,275**	**335,224**

［会社の財産］ 土地、建物、工場、設備機械など

［元手①　借りたお金（＝他人資本）］ 銀行などから借りたお金

［元手②　返さなくていいお金（＝自己資本）］ 株で集めた資本金など

左半分と右半分の合計は イコールになる

出典：カシオ計算機株式会社（2023年3月期決算短信より）

まずはコレだけ！

① 「左」の資産の部の合計と、「右」の負債・純資産の部の合計は、一致する

② 「上」の項目ほど現金化しやすく、「下」の項目ほど現金化しにくい

貸借対照表は「左」と「右」に分けてみる

次は貸借対照表（B/S）をみていきます。17ページで、貸借対照表は「会社の財産」と「その財産を手に入れるための元手（資金の出所）」を示した表であると述べました。

損益計算書では「上から下へ」みましたが、**貸借対照表はまず「左と右に分けて」みていくのが基本**です。左のブロックが会社の財産を、右のブロックが財産の元手を表しています。

このように左右に並べて表記するのには、きちんとした理由があります。会計では、財産は「資金の運用法」、元手は「資金の調達法」と捉えられます。つまり**会社が「集めたお金（右側）をどのように使っているか（左側）」をまとめて表したもの**が貸借対照表なのです。

そして調達したお金は、必ず使い道を示さなければなりません。従って、**元手（右側）と財産（左側）の残高（バランス）の合計は必ず一致**します。これが「B/S（バランスシート）」といわれるゆえんです。

表の左右をもう少し詳しくみていきます。会計では、会社の財産が示されている左側を「資産の部」と呼びます。一方で、その元手が示されている右側は2つのブロックに分かれ、上側を「負債の部」、下側を「純資産の部」と呼びます。この「資産」「負債」「純資産」の関係を式にすると、次のようになります。

次ページから詳しくみていきますが、資産は「**会社の財産**」、負債は「**銀行などから借りた返済義務のあるお金**」、純資産は「**株主からの出資や事業で儲けた返済義務のないお金**」と覚えておけばOKです。

「上」と「下」の違いはお金の"動かしやすさ"

貸借対照表をみるうえで、もう1つカギになるのが「上下の並び」です。

「資産の部」をよくみると、「流動資産」（上）と「固定資産」（下）の2つに分類されていますよね。「負債の部」も同じく「流動負債」と「固定負債」で上下に分かれています。

この上下（流動と固定）を分かつポイントとなるのが「1年以内」という期限です。

資産であれば「**1年以内に現金化できるもの**」が流動資産に、負債であれば「**1年以内に返済しなければならないもの**」が流動負債となります。逆に**固定資産（負債）は、「すぐに現金化できないもの（即返済の必要がないもの）」**です。

ちなみに純資産は、返済の必要がないため、固定以上にがっちりと動かないイメージです。

超速！まとめ
①貸借対照表は資金の「運用法」（左）と「調達法」（右）を表す
②「資産」（左）と「負債＋純資産」（右）の合計額は一致する
③流動性のある項目から、上から順に並んでいる

基礎
04 貸借対照表の基礎知識

貸借対照表（B/S）を読み解くコツを速攻で習得！

ズバリ要点！ 資産は「会社の体つき」、
負債・純資産は「肉体を支える骨格」

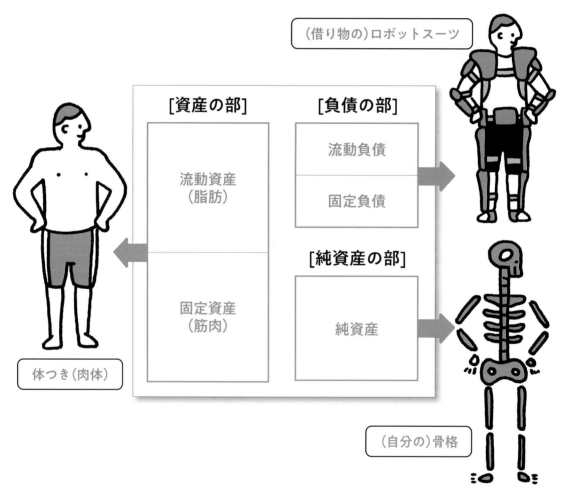

（借り物の）ロボットスーツ

[資産の部]　[負債の部]

流動資産
（脂肪）

流動負債

固定負債

[純資産の部]

固定資産
（筋肉）

純資産

体つき（肉体）

（自分の）骨格

会社はどんな体つきで、その体は何に支えられているか

人に例えると、資産の部（左側）は「体つき（肉体）」で、負債・純資産の部（右側）は「それを支える骨格」のイメージだ。さらに体つきは「筋肉」と「脂肪」に、骨格は「自分の骨格」と「借り物のロボットスーツ」に分かれる。

資産の部は 「会社の肉体」を表す

1章で、私は、貸借対照表は「会社の健康診断表」であるといいました（→P14）。貸借対照表をみれば、外側からはわからない会社の中身や健康状態をくまなく知ることができるからです。

では、このイメージに従って、資産・負債・純資産の3つの部の特徴をみていきましょう。

まず資産の部は、会社の「体つき（肉体）」にあたる部分です。人と同じように、会社もすぐれた肉体（資産）をもっていれば、大きな運動成果（利益）をあげることができます。

さて、人がそうであるように、肉体には大きく「筋肉」と「脂肪」があります。筋肉は、運動をするときの動力源。脂肪は、体内に蓄積されたエネルギー源です。

これを会社に置き換えると、筋肉は「売上を生み出す動力源」、すなわち商品を製造する工場や販売店舗といった固定資産です。

一方、脂肪は「すぐに使って（売って）エネルギーにできるもの」、すなわち倉庫に眠っている在庫や、社内に蓄えられた現金や預金などの流動資産です。会社の肉体（資産）は、このような筋肉（固定資産）と脂肪（流動資産）によって作られています。

ここで注意してほしいのが、筋肉も脂肪もバランスが大切ということ。人で考えるなら、なるべく脂肪はなくしたほうがよい気がします。しかし、すぐに燃焼してエネルギーにかえられる脂肪がゼロだと体は機能しません。同様に、会社もある程度の脂肪（現金や在庫）を蓄えておかないと、安定した経営はできません。突然トラブルに見舞われて多額の現金

が必要になる、または在庫がないばかりに取引を諦めざるを得ないといったことも考えられるからです。

もちろん、脂肪のつきすぎもいけません。大量の在庫を抱えていては、保管料や維持費が膨らみますし、古くなったら廃棄処分もしなければなりません。

要は人も会社も、バランスが大切なのです。

純資産の部は「自分の骨格」、 負債の部は「ロボットスーツ」

次に、右側の負債・純資産の部をみていきましょう。財産の元手となる負債や純資産は、会社の肉体（資産）を支える、いわば「土台」の役割を果たしています。

ただし負債と純資産では、同じ土台でも性質（造り）が異なります。会計では、返済義務のある負債を「他人資本」、返済義務のない純資産を「自己資本」といいます。

自己資本である純資産は、人の体でいえば「自分の骨格」。これがしっかりしている（多い）ほど、経営は安定します。骨格ががっしりしている人のほうが倒れにくいですよね。

一方、他人資本である負債は、いわば他人からの借り物の骨格で、外付けの「ロボットスーツ」のようなものです。うまく利用すれば、自分の骨格を補強し、実力以上の力を出すことができます（例えば、自己資本1億円に借入金1億円を加えれば、倍の設備を購入できる）。つまり、肉体をより大きくし、本来の力以上に成果をあげやすい体質にできるのです。

ただし借り物なので、いつかは返さなければならないため注意が必要です。

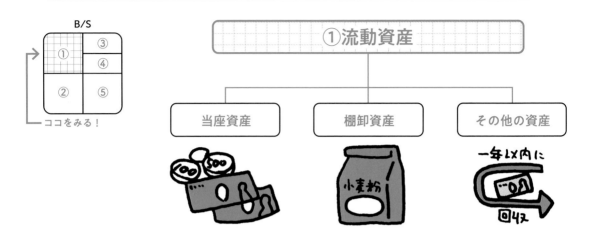

ここからは、それぞれの部を構成する主な項目をみていきましょう。

ここでは貸借対照表を①流動資産、②固定資産、③流動負債、④固定負債、⑤純資産の5つのブロックに分けて解説していきます。

はじめは資産の部の「流動資産」です。

流動資産は、「1年以内に現金化できる資産」のことでした。この流動資産は、上の図のとおり、主に3つの項目に分けられます。

当座資産

「当座」とは、「その場ですぐ、即座」という意味で、当座資産は、流動資産のなかでも、特に現金化しやすい資産を指します。代表的なものは、「現金」そのもののほか「預金」「売掛金」「受取手形」などです。

売掛金とは、いわゆる"ツケ"のことで、すでに取引先に納品した商品のうち、まだ支払われていない代金のことです。また、受取手形は、売掛金の一種。「〇月×日までに代金を支払います」と約束を交わした書面（手形）を受け取った場合は受取手形として、そうでない場合は売掛金として形式上区別されます。この売掛金と受取手形を合わせて、特に「売上債権」と呼びます。

棚卸資産

いわゆる「在庫」のこと。「商品」や「原材料」のほか、「半製品（完成直前の製品）」「仕掛品（完成途中の製品）」「貯蔵品（未使用の消耗品や燃料）」などの在庫も棚卸資産になります。人でいえば、脂肪の代表です。

35ページでも説明したように、過剰な在庫は商品価値の低下や維持費などによって、損失を生む原因にもなることに注意しましょう。

その他の資産

その他の資産で代表的なものが「短期貸付金」です。取引先や仕入先に貸したお金のうち、1年以内に回収できるものを指します。

資産の部は、上から流動資産、固定資産と流動性の高い（現金化しやすい）順に記載されていましたが、流動資産の中身も、当座資産→棚卸資産→その他の資産と、上から現金化しやすい順に並んでいます。

②資産の部 「固定資産」の主な項目

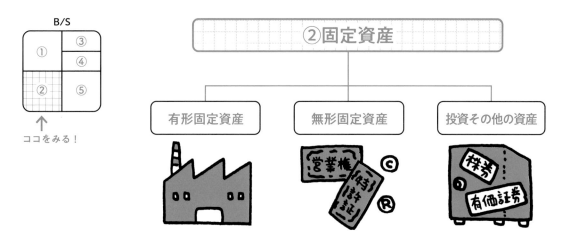

B/S

①　③
　　④
②　⑤

↑
ココをみる！

②固定資産

有形固定資産　　無形固定資産　　投資その他の資産

2つ目は、資産の部の「固定資産」です。

固定資産は、「すぐ（1年以内）に現金化できない資産」のことでしたね。これは言い換えれば、「現金化せず、使い（持ち）続けることを前提とした資産」といえます。

つまり使い続けることで利益を生み出す原動力（エンジン）となるのが、固定資産なのです。いわば会社の筋肉です。固定資産は、主に次の3つの項目に分けられます。

有形固定資産

この場合の「有形」とは、「目にみえて、触ることができる」という意味です。会社が保有している「土地」のほか、本社ビルや工場、販売店舗といった「建物」、工場の「機械装置」や「工具」など、1年を超えて事業に使う資産を指します。

無形固定資産

「無形」とは、「形こそないが、価値のあるもの」の意味で、「営業権（のれん※）」や「特許権」「商標権」「借地権」「ソフトウェア」などが無形固定資産にあたります。

営業権は、他社から商品やブランドの権利を買ったり、会社を買収したりしたときに生まれます。要は、その"ブランド価値"を利用して商品を売って利益を生み出すのですね。一方、特許権や商標権は利用料を得ることで、ソフトウェアはプログラムを利用することで、それぞれ利益を生み出します。

ただし、貸借対照表に記載されている金額は、無形固定資産によって得られる利益ではなく、それ（権利）を取得する際にかかった金額（購入時点での価値）である点に注意してください。

投資その他の資産

これは主に、長期保有を目的とする債券や株券といった「投資有価証券」などです。ただし短期売買（すぐに売ってお金に換えること）を目的とした有価証券は、流動性が高いため当座資産に区分されます。

以上のように、会社は集めたお金をさまざまな形の資産に換えて所有し、事業を営んでいるのです。

※「のれん」は、企業を買収・合併した際に、「買収された企業の純資産額」と「買収価額」との"差額"を表す数値
　（例：純資産額300億円の会社を、500億円で買収した場合、のれんの額は200億円となる）

③負債の部 「流動負債」の主な項目

3つ目は、負債の部の「流動負債」です。

ここからは表の右側、つまり財産の元手の部分に移ります。流動負債は、「**すぐ（1年以内）に返済しなければならない債務**」のことでした。主な項目は次のとおりです。

仕入債務

「買掛金」や「支払手形」などがあります。これは商品や原材料を仕入れたとき、支払いを猶予してもらっている状態で、要は"ツケで買った"ということ。先ほどの売上債権（→P36）とは逆の状態ですね。取引先から一時的に借金をしているようなものといえます。

短期借入金

読んで字のごとく、「**銀行などに短期（1年以内）で返さなければならない借金**」のことです。借りたお金は、事業の継続に必要な「運転資金（→P80）」などにあてられます。

④負債の部 「固定負債」の主な項目

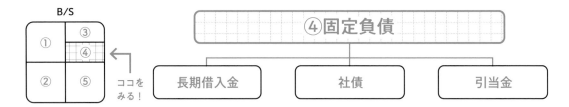

固定負債とは、「**1年を超えて返済可能な債務**」のこと。流動負債のようにすぐに返済する必要がないため、固定負債の割合が大きいほど資金繰りは安定的であるといえます。

長期借入金、社債

「長期借入金」は1年を超えて返済する借金のこと。短期借入金に比べ長く借りていられるので安心です。

「社債」は、会社が発行する債券のこと。これを投資家などに買ってもらうことで、会社は一時的に多額の資金を調達できます。ただし、購入者に対して定期的に金利を支払う必要があるほか、約束の日（償還日）になったら、元本を返さなければなりません。

引当金

「引当」とは「**将来の出費に備えて準備しておく**」という意味です。退職金を支払うための準備金（退職給付負債）などが代表例です。

⑤純資産の部 「純資産」の主な項目

最後の「純資産」は、「（元手のなかでも）返済する必要のないお金」のことでした。この純資産は、次の項目のように会社が稼いだお金（利益）と、株主などの出資者から集めたお金（出資金）によって構成されています。

株主資本

株主資本は、大きく「株主から集めたお金」と「会社が事業で得た利益を蓄積したお金」の2つで構成されています。「会社の所有者は株主」とよくいわれますが、そのゆえんのひとつは、この株主資本の存在でしょう。

具体的には「資本金」「資本剰余金」「利益剰余金」といった3項目で表されます。簡単にいうと、資本金は「会社設立時などの出資金」、資本剰余金は「新株発行などの資本取引によって得たお金のうち、資本金には組み込んでいないお金」、利益剰余金は「会社が内部留保したお金」のことです（→P47）。

評価・換算差額等

会社がもっている株など有価証券の"時価"との差額を表したものです。買ったときの価格と現時点での価格の差を示し、購入時より株価があがればプラスになります。

非支配株主持分

親会社の決算に含まれる子会社（連結子会社）が発行する株のうち、親会社以外がもっている株の持分のことです。

基本的に、貸借対照表の左側の資産には、子会社の資産も100%計上されます。右側もそれに合わせて100%純資産を計上しますが、そのうち親会社がもっていない株の持分を「非支配株主持分」として別に記載し、当社株主の持分をわかりやすくしているのです※。

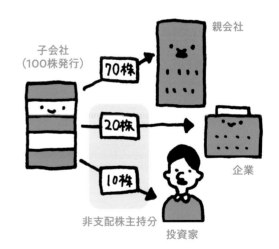

超速！まとめ

①資産（肉体）は、負債と純資産（骨格）で支えられている
②資産のうち、流動資産は脂肪、固定資産は筋肉のイメージ
③負債はロボットスーツ、純資産は自分の骨格のイメージ

※なお決算短信では、純資産から非支配株主持分を差し引いたものを自己資本ととらえます

これが実際の キャッシュ・フロー計算書!

ズバリ 要点!　会社の活動を、「営業」「投資」「財務」の 3つに分け、現金の出入りをみる

（単位：百万円）

	前連結会計年度	当連結会計年度
営業活動によるキャッシュ・フロー		
税金等調整前当期純利益	22,910	16,832
減価償却費	11,392	10,962
減損損失	710	1,242
固定資産除売却損益(△は益)	27	27
投資有価証券売却損益(△は益)	△1,560	△1,855
未払又は未収消費税等の増減額	△207	398
その他	△2,214	△1,624
小計	22,779	15,476
利息及び配当金の受取額	623	1,216
利息の支払額	△222	△252
特別退職金の支払額	△1,137	–
法人税等の支払額	△5,624	△5,101
営業活動によるキャッシュ・フロー	16,419	11,339
投資活動によるキャッシュ・フロー		
定期預金の預入による支出	△1,436	△6,592
定期預金の払戻による収入	741	7,395
有形固定資産の取得による支出	△4,151	△4,636
投資有価証券の売却及び償還による収入	4,882	7,136
その他	166	△51
投資活動によるキャッシュ・フロー	△6,096	△3,146
財務活動によるキャッシュ・フロー		
短期借入金の純増減額(△は減少)	82	4
長期借入れによる収入	–	8,000
長期借入金の返済による支出	△3,831	△8,000
財務活動によるキャッシュ・フロー	△19,033	△15,232
現金及び現金同等物に係る換算差額	5,561	3,367
現金及び現金同等物の増減額(△は減少)	△3,149	△3,672
現金及び現金同等物の期首残高	137,053	133,904
現金及び現金同等物の期末残高	133,904	130,232

出典：カシオ計算機株式会社（2023年3月期決算短信より）

①営業CF
「営業活動」とは、会社の事業活動のこと。「事業でしっかり現金を生み出せたか」がわかる。キャッシュ・フローのなかでも、もっとも重要な部分といえる

損益計算書の「税引前利益」に相当する

②投資CF
「投資活動」とは、固定資産や有価証券などの取得や売却のこと。「どれだけ投資したか」を示している。なお、投資＝現金の流出、となるので投資CFは通常マイナスとなる

③財務CF
「財務活動」とは、銀行など金融機関からの借入や返済、株式の発行などの資金調達のこと。「お金をいくら調達し、いくら返したか」がわかる

3つのCFの合計。1年間の現金の増減がわかる ④

期首時点での手元の現金残高 ⑤

④＋⑤で算出した期末時点での手元の現金残高 ⑥

 まずはコレだけ!　P/LやB/Sではわからない現金の増減をチェックできるのがキャッシュ・フロー計算書だ

「現金の流れ」をみれば会社の本当の姿がわかる

財務三表の最後は、キャッシュ・フロー計算書（C/S）。基礎の学習の最後になります。

キャッシュ・フロー計算書は、損益計算書からはわからない「会社の現金の出入り」を示した表でした。なぜわからないかといえば、損益計算書は「発生主義」によって作られているからでしたね（→P19）。

会社にとって現金は、健康に活動するための血液のようなもの。もしも、帳簿上は売上や利益がたくさんあっても、そのほとんどがツケ売り（売掛金）によるもので、実際には会社に現金が入ってこない状態（貧血状態）だったとしたら……。手元に現金がなければ事業を続けるうちに資金不足となり、倒産の危険性が高まります。

このように現金（血液）の不足は会社の命にかかわる問題であり、そこに異常がないかチェックをするのがキャッシュ・フロー計算書の大切な役割なのです。

会計の世界には「Profit is an opinion, cash is a fact.（利益は意見、現金は事実）」という言葉があります。これは、「（ツケ売りなどで）利益はある程度作れるが、現金はごまかせない」という意味です。損益計算書や貸借対照表だけみていても、会社のリアルな実態はみえてきません。**現金の流れにまで目をとおして、はじめて正確な分析が可能となるのです。**

資産・負債の増減と現金の増減は表裏一体

では、大まかな仕組みをみていきましょう。

キャッシュ・フロー計算書は、上から順に、次の3つの活動に分けて現金の出入りを記録しています。

----

①営業活動によるキャッシュ・フロー（営業CF）
②投資活動によるキャッシュ・フロー（投資CF）
③財務活動によるキャッシュ・フロー（財務CF）

それぞれの特徴や細かな項目については、次ページから詳しく説明しますが、その前にキャッシュ・フロー計算書の基本的なルールを知っておいてください。

ルールは1つだけ。それは「**資産の増加は現金の流出を、負債の増加は現金の流入を意味する**」ということです。

資産が増えれば（何かを買えば）手元の現金は減りますし、負債が増えれば（お金を借りれば）手元の現金は増えますよね。逆に資産が減れば（売れば）現金は増え、負債が減れば（借金を返せば）手元の現金は減ります。

キャッシュ・フロー計算書では、この原則に従って、各活動における現金の出入りを「プラス」と「マイナス」で示しています※。

プラスは会社に現金が入ってきたということ、マイナスなら会社から現金が出ていったということです。まずはこれだけ覚えておいてください。

超速！まとめ

①分析には「利益は意見、現金は事実」の視点が大切
②現金は、資産が増えれば流出し、負債が増えれば流入する
③C/Sでは、プラスは現金増、マイナスは現金減を表す

キャッシュ・フロー計算書(C/S)を読み解くコツを速攻で習得!

ズバリ 要点! 3つのCFの「プラス」と「マイナス」から会社の好調・不調がザックリわかる

前連結会計年度

営業活動によるキャッシュ・フロー	
税金等調整前当期純利益	7,000
減価償却費	3,000
⋮	⋮
営業活動によるキャッシュ・フロー	10,000

営業キャッシュ・フロー(営業CF)
自分の体が生み出す血流

営業CFが＋ ☺
血液を作り出せている。つまり、会社の事業で現金を得ているので安心。

営業CFが－ ✖✖
血液を作り出せていない。事業をするだけで現金が出て行っているので危険。

投資活動によるキャッシュ・フロー	
有形固定資産の取得	△5,000
投資有価証券の取得	△1,000
⋮	⋮
投資活動によるキャッシュ・フロー	△7,000

投資キャッシュ・フロー(投資CF)
筋肉など体を作るための血流

投資CFが＋ 😐
筋肉を削り、血に変えているイメージ。つまり会社の資産を売って、現金を得ている状態。

投資CFが－ ☺
血液を使って筋肉を増強しているイメージ。お金を払って、新たな資産を得ている状態。

財務活動によるキャッシュ・フロー	
長期借入の返済	△1,000
配当金の支払い	△1,000
⋮	⋮
財務活動によるキャッシュ・フロー	△2,000

財務キャッシュ・フロー(財務CF)
外部からの血流

財務CFが＋ 😐
血液が足りず、輸血を受けているイメージ。金融機関などから、借入を増やしている状態。

財務CFが－ ☺
血液が多く、余裕があるので献血をしているイメージ。借入金残高を減らしている状態。

現金及び現金同等物の増減額	1,000
現金及び現金同等物の期首残高	14,000
現金及び現金同等物の期末残高	15,000

 まずはコレだけ! キャッシュ・フロー CF は、すべて「＋」(現金増)であればいいわけではない

投資CFの「＋」は会社の資産が減っていることを、財務CFの「＋」は銀行からの借入金が増えていることなどを意味する。だから、現金が増減している背景や理由に目を向けることが大切。

①営業キャッシュ・フロー ⇨「事業で稼げているかどうか」がわかる

ここからは、キャッシュ・フロー計算書の具体的な中身をみていきましょう。

1つ目は「営業活動によるキャッシュ・フロー（以下、営業ＣＦ）」です。ここでいう営業活動とは、「会社の事業」のこと。つまり営業ＣＦは**「事業でどれだけ現金を得られたか（稼げたか）」**を示しています。体に例えると、「十分な量の血液を自分で作り出せているかどうか」ですね。

営業ＣＦが**プラスであれば、事業で現金を得られている**、いわば血液を作り出せている状態です。逆に**マイナスだと、事業を続けるほど現金が外に出ていく**、いわば出血しながら運動している状態です。これが長く続くと、出血多量で倒れる、つまり倒産の危険性が高くなってしまいます。そのため**営業ＣＦは、多ければ多いほどいい**といえます。

営業ＣＦの細かな項目をみていきましょう。「税引前当期純利益」「減価償却費」「売上債権」「棚卸資産」「仕入債務」など、今までに見覚えのある言葉が並んでいますね（→下右図）。

これらの項目の共通点は、**「発生主義（帳簿上の数字）と現金主義（実際の現金の動き）で金額にズレが生じる部分がある」**ということです。

例を挙げてみましょう。減価償却は、工場設備など金額が大きなもの（資産）を買ったときに、その費用を複数年に分けて計上していくことでした（→Ｐ28）。しかし実際は、工場設備の費用（代金）は、買った年にすでに支払い終えているのが普通です。

そうすると2年目以降は、損益計算書に「減価償却費」として工場設備の費用を計上しているのに、会社の現金は外に出ていかない、つまり帳簿上の収益（費用）と手元の現金にズレが生じることになります。

営業ＣＦでは、このように発生主義によって算出した会社の利益（税引前当期純利益）から、**実際の現金の動きとズレが生じる部分を1つ1つ洗い出して、金額の差を調整している**のです（→下図）。

次ページに、金額のズレが生じる主な項目とその調整の仕方を表にまとめてみましたので、参考にしてみてください。

P/Lで生じた現金とのズレをC/Sで解消していく

損益計算書（P/L）

売上高	100,000
売上原価	70,000
売上総利益	30,000
販管費	20,000
営業利益	10,000
営業外収益	1,000
営業外費用	4,000
経常利益	7,000
特別利益	1,000
特別損失	1,000
税引前当期純利益	7,000
法人税	3,000
当期純利益	4,000

ズレ

キャッシュ・フロー計算書（C/S）

営業活動によるキャッシュ・フロー	
税引前当期純利益	7,000
減価償却費	1,500
受取利息及び受取配当金	△200
支払利息	160
為替差損益	△280
売上債権の増減額	1,100
棚卸資産の増減額	△1,200
仕入債務の増減額	△1,100
その他	△700
小計	6280
利息及び配当金の受取額	300
利息の支払い額	△100

ズレ解消

営業キャッシュ・フローの主な項目

項目	帳簿上の処理	金額のズレの原因	営業ＣＦでの調整
減価償却費	「減価償却費」として計上	代金を支払い終えた後も、費用として計上される	減価償却費分の金額を「プラス」する
売掛金（売上債権）	「売上」として計上	ツケで売った商品の代金を、まだ受け取っていない	受け取っていない金額を、売掛金の増加として「マイナス」する
棚卸資産	「売上原価」として計上	仕入れた原材料の金額（例：10万円）のうち、使った分の金額（例：7万円）しか費用として計上されない	使われなかった差額（例：3万円）は、在庫の増加として「マイナス」する
買掛金（仕入債務）	「売上原価」として計上	ツケで買った商品の代金（仕入代金）を、まだ支払っていない	支払っていない金額を、買掛金の増加として「プラス」する

②投資キャッシュ・フロー ⇨「将来に投資しているかどうか」がわかる

２つ目は「投資活動によるキャッシュ・フロー（以下、投資ＣＦ）」です。

投資活動とは、「固定資産や有価証券などを取得したり売却したりする」こと。つまり投資ＣＦは「会社の将来のためにどれだけ投資ができているか」を示しています。

営業ＣＦに比べ、投資ＣＦが表していることはかなりシンプルです。投資ＣＦがプラスなら、土地や建物、有価証券などを売って現金を得ている、逆にマイナスなら、お金を払って、新たな固定資産を得ているということになります。

主な項目は、右下の表のとおり。

さて、ここでひとつ注意していただきたいのが、成長している会社の投資ＣＦは、通常「マイナス」になるということです。

貸借対照表の項目を思い出してみてください。固定資産は「会社の筋肉」であり、売上を生み出す動力源でしたね（→P35）。

投資ＣＦがマイナスであるということは、いわば血液（現金）を使って将来のために "筋トレ" をしている状態。現金は減りますが、新しい設備や工場などを手に入れることで、もっと強くて大きな体になろうとしている意思の表れなのです。

逆に、投資ＣＦがプラスのときは、現金は増えますが、会社がもっていたビルや工場、株や債券は減っています。つまり筋肉を削って血液を作り出しているような状態です。

事業と関係のない投資有価証券や不稼働資産を売却しているのであればさほど問題はありませんが、事業からの資金不足（営業CFのマイナス）を補うために資産を売っている場合は要注意。筋力が衰え、中長期的な業績に悪影響を与える危険性があります。

投資キャッシュ・フローの主な項目

有形固定資産	ビルや工場、機械設備などを売却したら「プラス」、購入したら「マイナス」
無形固定資産	営業権やソフトウェアなどを売却したら「プラス」、購入したら「マイナス」
有価証券	株や社債などの有価証券を売却したら「プラス」、購入したら「マイナス」

③財務キャッシュ・フロー ⇨ 「お金の貸し借りの様子」がわかる

3つ目は「財務活動によるキャッシュ・フロー（以下、財務ＣＦ）」です。

財務ＣＦは、「会社がどれだけお金を借り、どれだけお金を返したか」を示しています。ここには銀行からの借入や返済のほかに、株式や社債の発行（償還）、配当金の支払いによる現金の出入りも含まれます（→右下表）。

財務ＣＦが「プラス」になる例をみてみましょう。これは銀行からお金を借りたり、株式を発行したりして、現金を得ている状態。

人の体に例えると、血液不足を補うために輸血をしている状態といえます。輸血というとピンチなイメージですが、必ずしも「悪」とはいい切れません。35ページでも説明したとおり、会社によってはより素早く、効率的に大きな体をつくるための原動力として、あえて借金をしている場合があるからです。

財務ＣＦがプラスの場合、それが事業の不振によるものなのか（営業ＣＦのマイナスを補うためか）、成長を加速させるためのものなのか（投資ＣＦがマイナスになっているか）、背後をよくみた判断が大切です。

一方、財務ＣＦが「マイナス」のときは、たいてい銀行にお金を返したり、社債を償還して、負債を減らしている状態。いわば、十分な血液をつくり出せているので、献血をしている状態です。会社の業績が好調で、余裕ある経営ができているケースが多いでしょう。

ただしこれも、業績不振による信用低下で新たな借入ができない一方で、今ある負債を返済しなくてはならず、マイナスになっている、というケースもあるので注意が必要です。

そして、キャッシュ・フロー計算書では、最後にこれら３つのＣＦの合計額を算出し（→Ｐ40④）、期首時点の現金額（同⑤）と合算することで、現在（期末時点）の現金額（同⑥）を導きます。

財務キャッシュ・フローの主な項目

銀行からの借入・返済	銀行からお金を借りたら「プラス」、お金を返したら「マイナス」
社債の発行・償還	社債を発行して資金を得たら「プラス」、償還（返済）したら「マイナス」
株式の発行・取得	株式を発行して資金を得たら「プラス」、自己株式を取得（自社株買い）したら「マイナス」
配当の支払い	株主に配当金を支払ったら「マイナス」

助かった...

超速！まとめ

①営業ＣＦは「プラス」なほど「事業で稼げている」
②投資ＣＦは「マイナス」なほど「将来に投資している」
③財務ＣＦは「マイナス」なほど「現金が潤沢で余裕がある」

3つの表の関係が一瞬でわかる

ズバリ 要点！ 財務三表をつなげてみると、会社の「ストーリー」がみえてくる

損益計算書（P/L）

（百万円）

売上高	100,000
売上原価	70,000
売上総利益	30,000
販売費及び一般管理費	20,000
営業利益	10,000
営業外収益 ①	1,000
営業外費用	4,000
経常利益	7,000
特別利益	1,000
特別損失	1,000
税引前当期純利益	**7,000**
法人税など	3,000
当期純利益	**4,000**

税引前当期純利益

当期純利益

キャッシュ・フロー計算書（C/S）

（百万円）

営業活動によるキャッシュ・フロー	
税金等調整前当期純利益	**7,000**
減価償却費	3,000
営業活動によるキャッシュ・フロー	10,000

投資活動によるキャッシュ・フロー	
有形固定資産の取得	△5,000
投資有価証券の取得	△1,000
投資活動によるキャッシュ・フロー	△7,000

財務活動によるキャッシュ・フロー	
長期借入の返済	△1000
配当金の支払い	△1000
財務活動によるキャッシュ・フロー	△2000

現金及び現金同等物の増減額	1,000
現金及び現金同等物の期首残高	14,000
現金及び現金同等物の期末残高	**15,000**

税引前当期純利益

② 現金増減

貸借対照表（B/S）

（百万円）

資産		負債	
流動資産		流動負債	
現預金	**15,000**	買掛金	15,000
売掛金	5,000	短期借入金	5,000
商品	6,000	その他	6,000
その他	2,000	固定負債	4,000
固定資産		長期借入金	
有形固定資産		その他	
建物	20,000	負債合計	30,000
機械	25,000		
土地	15,000	純資産	
無形固定資産		株主資本	
ソフトウェア	5,000	資本金	20,000
投資有価証券	7,000	資本剰余金	20,000
資産合計	100,000	**利益剰余金**	**30,000**
		純資産合計	70,000
		負債・純資産合計	100,000

現金等

③

利益剰余金

各表の関連性を知ることが、分析の基本

上の図①②③のように、各表は、ほかの2表と相互に結びついている。表単体でみるのではなく、3つの表（財務三表）を関連づけて読むことで、より正確な分析ができる。

表のつながりを直感的に理解する3つの接点

ここまで、損益計算書、貸借対照表、キャッシュ・フロー計算書の3つの表の仕組みと読み方をみてきました。それぞれの特徴は概ね理解できたと思いますが、**財務三表の"つながり"を理解すれば、さらに深く会社の実像を分析できるようになります。**

その詳しい方法は3章以降に譲りますが、3表がどのようにつながるのか、ここまでの復習も兼ねて一例をみていきましょう。

①「P/L」と「C/S」のつながり

最初は、損益計算書とキャッシュ・フロー計算書です。これは43ページで説明したとおり。キャッシュ・フロー計算書では、損益計算書の税引前当期純利益から、減価償却費や売上債権など、実際の現金の動きとズレが生じる部分を1つ1つ調整することで、手元に残る正確な現金額を計算していくのでしたね。

②「B/S」と「C/S」のつながり

キャッシュ・フロー計算書によって明らかになった現金額（「現金及び現金同等物の期末残高」）は、貸借対照表の資産の部の「現金及び預金」の項目に反映されます。会社によって現金同等物の扱いが多少異なるため、完全には一致しませんが、通常2つの項目は、ほぼ同じくらいの金額になります。

③「P/L」と「B/S」のつながり

最後は、損益計算書と貸借対照表です。

2つの表をつなぐキーワードは、ずばり「利益」。損益計算書の「当期純利益」と貸借対照表の純資産の中の「利益剰余金」を結びつけて考えてみましょう。

当期純利益から株主に対する配当金が支払われることは説明しました（→P31）。しかし全額が配当金になるわけではありません。**当期純利益から配当する分を差し引いて余ったお金は、会社の内部に蓄えられます（内部留保）。**つまり利益剰余金となるのです。

利益剰余金が増えれば、純資産も自然と増えます。さらに純資産を含む元手（貸借対照表の右側）が増えれば、それに伴って資産（左側）も増えるはずです。

この一連の流れを人の体に例えると、「たくさん運動して（売上を増やして）成果（利益）を出すほど、骨太でたくましい体に成長していく（資産が増えていく）」ということになります。

いかがですか。3表をつなげてみると、今まで個別にあったイメージが結びつき、ひとつの「ストーリー」として浮かびあがってきませんか。このように**「数字の裏側に潜むストーリーを読み取る」**ことこそ、**決算書分析の神髄**といえるのです。

次の章から、その手法に迫ってみましょう。

超速！まとめ

①財務三表には、さまざまな"接点"がある
②各表を単体で読んでも、会社の実態はみえてこない
③数字からストーリーを読み取ることが、分析の神髄！

課外Lesson
知っておきたい
会計知識②

外国企業の
決算書にチャレンジ！

　2章では、財務三表の読み方を学んできましたが、興味のある方はぜひ外国企業の決算書も読んでみましょう。「英語の決算書なんて無理……」と思われるかもしれませんが、財務三表の基本的な構造や項目は、日本基準の決算書とほぼ同じ。会計の世界で使われる基本的な英単語の意味さえわかれば、ある程度の決算分析をすることはできるのです。

　近年はグローバル化が進み、国内にも外国資本の会社が多数あります。また、普段の生活でもＧＡＦＡ[※1]をはじめとした外国企業の商品やサービスの重要度は増す一方。以下に、外国企業の決算書を読むための基本をまとめましたので、ぜひ活用してみてください。

【決算書の入手方法】「外国企業名（英語）　IR」[※2]でインターネット検索し、企業サイトの「Financial Data（財務データ）」のページを閲覧。そこから「Form 10-K（年次決算報告書）」と「Form 10-Q（四半期決算報告書）」がダウンロード可能。なお、「EDGAR」[※3]というサービスを使えば、アメリカ企業の10-K、10-Qをまとめて収集・閲覧できます。

【決算書の基本構造】日本の決算短信と同じく書式があり、大きく4つのPartに分かれています。特に重要なのはPart 1とPart 2。Part 1には、事業の概要や製品情報、競合の状況、従業員数、経営者一覧、事業にかかるリスクなどが説明されています。Part 2には、財務三表が掲載されているほか、製品別、地域別のセグメント情報（区分別の情報）や、一株当たり情報なども記載されています。

覚えておきたい！財務三表で使われる主な英単語

損益計算書 (profit and loss statement)[※4]		貸借対照表 (balance sheet)		キャッシュ・フロー計算書 (cash flow statement)	
売上高	sales	流動資産	current assets	営業CF	cash flows from operating activities
売上原価	cost of sales	有価証券	securities	売掛金	accounts receivable
売上総利益	gross income	棚卸資産	inventories	買掛金	accounts payable
販売費及び一般管理費	selling, general and administrative expenses	有形固定資産	property, plant and equipment	減価償却費	depreciation and amortization
営業利益	operating income	流動負債	current liabilities	投資CF	cash flows from investing activities
営業外収益（費用）	non-operating income (expense)	借入金	debt	財務CF	cash flows from financing activities
税引前当期純利益	income before taxes	株主資本（純資産）	shareholders' equity	支払利息	cash paid for interest
法人税等	income taxes	普通株式	common stock	配当金支払	dividends paid
当期純利益	net income	余剰金	retained earnings	現金及び現金同等物	cash and cash equivalents

※1 Google、Apple、Facebook、Amazonの4社のこと。「ＧＡＦＡ」はその頭文字
※2 IRは「Investor Relations」の略で「投資家向け情報」の意味
※3 米国証券取引委員会（SEC）によるアメリカの有価証券報告書の開示システム。
　　誰でも自由にアクセス可能で、利用は無料
※4 アメリカではincome statementが一般的

第3章

会社の
「収益性」は
ココをみる

ROA 高

利益は同じ

ROA 低

決算書を読み解く
4つの分析方法をマスター！

ズバリ要点！ 割合や過去、同業他社と比べてみる！

売上の大きさは？

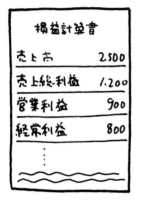

①実数分析

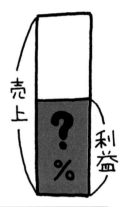

売上に占める利益の割合は？

②比率分析

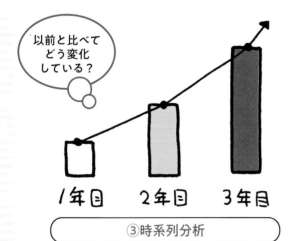

以前と比べてどう変化している？

③時系列分析

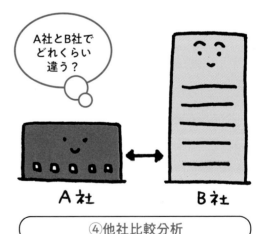

A社とB社でどれくらい違う？

④他社比較分析

まずはコレだけ！

4つの分析方法を「組み合わせる」のがポイント

慣れてきたら、各分析を組み合わせると、さらに良い。例えば、「比率分析」と「時系列分析」を組み合わせると、「A社の売上は、過去5年間で年平均3％上昇している」など、よりマクロな視点から分析できるようになる。

決算書分析の基本は、3つの「視点」と4つの「方法」

3章からは、いよいよ決算書の具体的な分析方法を紐解いていきます。

決算書を分析するうえで、まず大切になるのは"分析する視点"をもつこと。

みるポイントは、次の3つでしたね（→P20）。

- 収益性（儲かっているか？）
- 安全性（倒産しないか？）
- 成長性（今後、大きくなるか？）

この3つの視点（疑問）をそれぞれ明らかにすることで、決算書から会社の実態が立体的に浮かびあがってきます。

では、実際にどうすれば決算書の数字から知りたい情報を得られるのでしょうか。

決算書の分析には、主に次の4つの分析方法が用いられます。

①実数分析

決算書にある実際の数値（金額）をみて、会社の経営状況を判断する分析方法です。

売上や資産などの金額の大小をみることで、その会社が「どれくらいの規模なのか」が判断しやすいといえます。

②比率分析

いくつかの数字を組み合わせることで「割合（％）」を導き出して分析する方法です。

例えば、1億円の売上のうち、売上原価が6000万円だとしたら、売上に占める利益の割合（粗利率）は40％といえます（→P54）。このように割合を出すことで、額面上の数字（実数分析）からは判断できない経営の実態を、より直感的に把握できるのです。

③時系列分析

過去の数値と比較し、数値があがっているか、下がっているかをみて、経営状態を分析する方法です。以前の成績を参考にすることで、その会社が上り調子にあるのか、そうでないのかを長期的な視点から判断できます。

また、今までと比べて好調な点や不調な点などをわかりやすく見抜くこともできます。

④他社比較分析

同業他社の決算書の数値と比較することで、会社の経営状態を分析する方法です。

例えばA社の売上が前年に比べ10％伸びていても、ライバルのB社が40％伸びていたなら、「A社は成長している以上に、B社にシェアを奪われている可能性がある」といった見方ができます。他社と比較することで、その会社が業界内でどの位置にいるのかがイメージできるのです。

以上の4つが、決算書分析の基本です。まずは特徴だけ覚えておいてください。

超速！まとめ

①分析手法には「実数」「比率」「時系列」「他社比較」の4つがある

②「実数」では会社の規模、「比率」では経営の実態がわかる

③「時系列」では好・不調、「他社比較」では業界内での位置付けがわかる

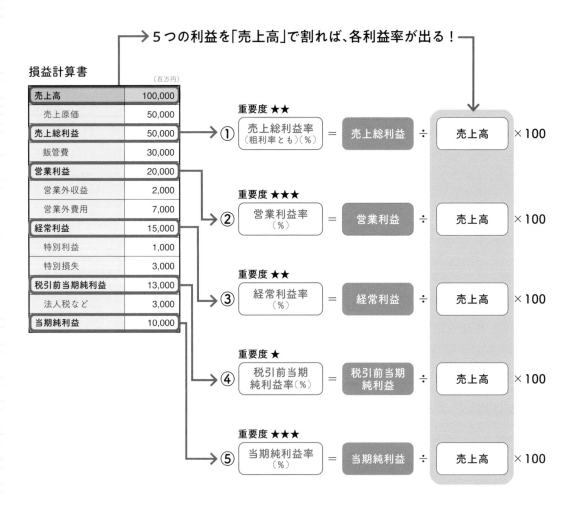

収益性の分析①

「売上高利益率」をみる！

ズバリ 要点！ 売上に対する「各利益の割合」をみるのが基本！

→ 5つの利益を「売上高」で割れば、各利益率が出る！ ←

損益計算書 (百万円)

売上高	100,000
売上原価	50,000
売上総利益	50,000
販管費	30,000
営業利益	20,000
営業外収益	2,000
営業外費用	7,000
経常利益	15,000
特別利益	1,000
特別損失	3,000
税引前当期純利益	13,000
法人税など	3,000
当期純利益	10,000

重要度 ★★
① 売上総利益率（粗利率とも）（％） ＝ 売上総利益 ÷ 売上高 ×100

重要度 ★★★
② 営業利益率（％） ＝ 営業利益 ÷ 売上高 ×100

重要度 ★★
③ 経常利益率（％） ＝ 経常利益 ÷ 売上高 ×100

重要度 ★
④ 税引前当期純利益率（％） ＝ 税引前当期純利益 ÷ 売上高 ×100

重要度 ★★★
⑤ 当期純利益率（％） ＝ 当期純利益 ÷ 売上高 ×100

 まずはコレだけ！

5つの利益率から会社の収益性がみえてくる

売上に対するそれぞれの「利益の割合（利益率）」を出せば、その会社が「どの領域（方法）」で、「どれだけの収益を得ているか」がわかる。特に「営業利益率」と「当期純利益率」は重要。

収益性の分析は「比率分析」が基本

3〜5章では、決算書を読み解くうえで重要な"3つの視点"に従い、実際の分析方法をそれぞれ説明していきます。

はじめは「収益性」の分析です。

収益性とは「会社がどれだけ稼げているか」ということ。それを測る方法はいくつかありますが、まずは「**売上に対してどれだけ利益が出ているか（売上高利益率）**」をみていきます。売上高利益率の算出に必要な情報はすべて損益計算書に書かれています。

ここで思い出してください。損益計算書に書かれている利益は合計5つありましたよね（→P24）。同じように、**売上高利益率も5つあります。**計算が大変そうに感じますが、まったくそんなことはありません。左に示したとおり、それぞれの利益を売上高で割れば、自然と5つの利益率が導き出されます。

これらの利益率から、**会社が「どれだけ効率的に収益をあげられているか」や「収益をあげるための戦略」**などがみえてくるのです。

比率分析を行う2つのメリット

利益率をみる具体的な方法は次のページから説明しますが、その前に、そもそもなぜ利益"率"を出す必要があるのでしょうか。

比率分析を行うメリットは、大きく2点あります。

1つ目は、**実数分析では見落としがちな点に気付かせてくれる**ということ。例えば、ある会社の売上が1年目は1億円、2年目は2億円だったとします。一方、売上原価をみると、1年目は2000万円だったのに対し、2年目は6000万円になっていました。ここから粗利を計算すると1年目は8000万円、2年目は1億4000万円と、利益は1.75倍に増えています。一見、順調そうに思えます。

ところが「売上総利益率（粗利率）」を計算すると、1年目は80％だったのに対し、2年目は70％。つまり粗利だけをみれば、"収益性はむしろ下がっている"といえるのです。これは実数分析では、わからない情報です。

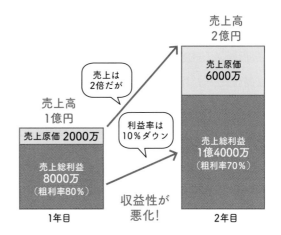

また、比率分析をする理由の2つ目に、**規模の異なる会社同士でも、比較的正確に収益性を比べられる**という利点があります。

例えば、売上が1000億円のA社と10億円のB社の場合、実数で利益を比べれば当然A社のほうが圧倒的です。しかし利益率では、金額の大小は関係なくなるため、両社の収益性をより公平に比べられます。つまり**会社の規模に関係なく「どちらがより効率的に利益をあげられているか」が判断できる**のです。

このように利益率を出すことで、実数ではできないさまざまな比較検討が可能になります。では、次のページから、各利益率からわかることを詳しくみていきましょう。

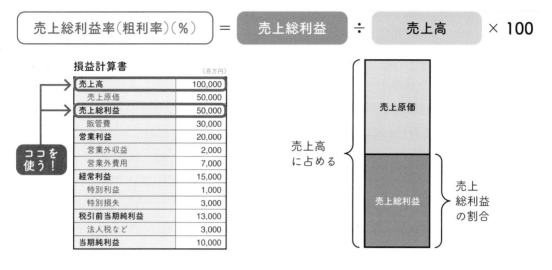

① 売上総利益率（粗利率）⇨ 商品の付加価値の高さがわかる！

売上総利益率（粗利率）（％） ＝ 売上総利益 ÷ 売上高 × 100

損益計算書 （百万円）

売上高	100,000
売上原価	50,000
売上総利益	50,000
販管費	30,000
営業利益	20,000
営業外収益	2,000
営業外費用	7,000
経常利益	15,000
特別利益	1,000
特別損失	3,000
税引前当期純利益	13,000
法人税など	3,000
当期純利益	10,000

ココを使う！

売上高に占める / 売上原価 / 売上総利益 / 売上総利益の割合

最初は「売上総利益率（粗利率）」です。

売上総利益率は、「**売上に占める売上総利益（粗利）の割合**」です。一方で「**売上に占める売上原価の割合**」を原価率といいます。

例えば、A社が100円のパンをつくるのに20円の売上原価がかかったら、売上総利益率は80％、原価率は20％になります。

さて、この売上総利益率からは、その会社の**商品（モノやサービス）の「付加価値」の高さがわかります。**この付加価値とは、何を表しているのでしょうか。

先のパンの例で考えてみましょう。A社は100円のパンを作るのに、20円の売上原価（費用）を支払いました。この費用は、小麦粉などの材料費や水道光熱費などで、いわば「他社から購入した価値」といえます。

そしてA社は、この他社から購入した価値（20円）に、新たに80円分の利益（価値）を乗せた商品を作りました。この新たに付け加えられた80円こそが、A社の商品の付加価値です。つまり**付加価値とは、「自社の資源や技術を使って、新たに生み出した価値」**とい

えます。

これは言い換えれば、売上総利益率が高いほど、「付加価値が高い商品を提供できている」ということです。例えば、アップル社のiPhoneのように、独創性の高い製品は、付加価値が高いため、他社製品より価格が高くても売れます。付加価値が高ければ、利益も大きくなり、収益性も高まるのです。

一方、同業他社と品質が同じか、劣っていれば、商品の価格を下げて数を売る「薄利多売型」の戦略をとらざるを得ません。価格を上げれば売上総利益率はあがりますが、それで商品が売れなければ元も子もありません。

このように**売上総利益率の水準は、会社の規模や技術力の高さのほか、販売戦略（業態）や業種によって大きく異なります。**

ちなみに産業別の売上総利益率をみると、製造業は21％程度、小売業は30％程度が平均値です。また同じ製造業でも、医薬品製造業は44％程度であるのに対し、食料品製造業は23％、繊維工業は31％、鉄鋼業は13％程度と差が大きいのが実情です※。

※ 2021年度の平均値。経済産業省『2022年企業活動基本調査確報－ 2021年度実績－』を参照

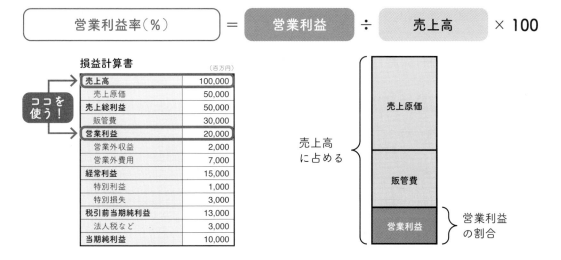

② 営業利益率 ⇨ 事業で儲ける力がわかる!

| 営業利益率(%) | = | 営業利益 | ÷ | 売上高 | × 100 |

損益計算書　(百万円)

売上高	100,000
売上原価	50,000
売上総利益	50,000
販管費	30,000
営業利益	20,000
営業外収益	2,000
営業外費用	7,000
経常利益	15,000
特別利益	1,000
特別損失	3,000
税引前当期純利益	13,000
法人税など	3,000
当期純利益	10,000

ココを使う!

売上高に占める

売上原価

販管費

営業利益　営業利益の割合

2つ目は「営業利益率」です。

営業利益率は、「**売上に占める営業利益の割合**」で、売上から商品を売るために必要な費用(販管費)を差し引いた後の利益率です。

28ページで説明したとおり、営業利益は事業活動にかかわるすべての費用を引いた後の利益であるため、その大きさの割合を表す**営業利益率は、「会社が本業で稼ぐ力」を判断する指標**といえます。**営業利益率が高ければ、会社の経営が上手くいっている証拠**、つまり事業の収益性が高いといえるでしょう。

ちなみに日本企業の営業利益率の平均値は、製造業で約5.7％、小売業で約3.0%となっています※。業界平均よりも高い営業利益率をあげられていれば、優秀な経営ができているといえるでしょう。

さて、この**営業利益率に大きな影響を与えるのが、販管費**です。例えば、製品を売るために多額の広告宣伝費を投入するなど、販管費が膨らむほど営業利益率は下がります(ただし広告宣伝費が上昇している場合は、それが新製品の認知度を高めるためなのか、販売

に苦戦しているためなのか、理由を探ることが大切です。例年に比べ、大きな変動のある費用については、決算書の「**注記事項**」に理由が書かれている場合があります)。

また、大手製薬会社などは、新薬の開発を行うため、膨大な研究開発費を投入しています。今までにない画期的な薬を生み出し、製品の付加価値を高めることで、販管費が膨らんでも十分な利益を確保できるのです。

このように**営業利益率には、各会社が商品を売って利益を得るための「販売戦略」の結果が加味されます**。

一般的に、高付加価値の商品を販売する会社(業種)ほど、商品の開発やブランディングにお金がかかるため販管費が膨らみ、売上総利益率に比べて営業利益率が大きく下がります。一方で、薄利多売型の会社(業種)ほど、販管費は抑えられ、売上総利益率と営業利益率の差は小さくなります。

他社比較分析を行う際、我々プロは、業態ごとの差がより少なく、事業からの収益性がわかる営業利益率を重視します。

3章　会社の「収益性」はココをみる　**02**

売上総利益率／営業利益率

55

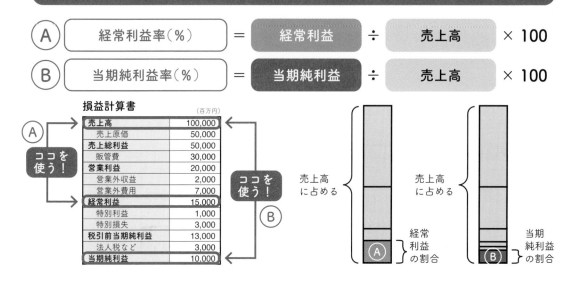

③ 経常利益率&当期純利益率 ⇨ すべての活動での儲ける力がわかる！

| Ⓐ | 経常利益率（%） | = | 経常利益 | ÷ | 売上高 | × 100 |
| Ⓑ | 当期純利益率（%） | = | 当期純利益 | ÷ | 売上高 | × 100 |

損益計算書 （百万円）

売上高	100,000
売上原価	50,000
売上総利益	50,000
販管費	30,000
営業利益	20,000
営業外収益	2,000
営業外費用	7,000
経常利益	15,000
特別利益	1,000
特別損失	3,000
税引前当期純利益	13,000
法人税など	3,000
当期純利益	10,000

ココを使う！

売上高に占める

経常利益の割合 Ⓐ

売上高に占める

当期純利益の割合 Ⓑ

3つ目は「経常利益率」です。

経常利益率は、「**売上に占める経常利益の割合**」です。経常利益とは、「ヒト」「モノ」「カネ」の「カネ」の部分、つまり財務活動に関連する損益（営業外損益）まで加味した利益のことでした。従って経常利益率からは、**通常（経常的に）発生する事業活動から会社が生み出す利益の水準がわかるのです。**

一方で、**経常利益率からは、その会社の財務体質も透けてみえてきます。**例えば、営業利益率に比べ、経常利益率が大きく下がっている場合、「営業外の部分で多額の費用が発生している」と判断できます。その原因は、銀行に対する支払利息、つまりその会社は「多額の借金をしている」と推測できるのです。このことは、貸借対照表の負債の部を合わせて確認すれば一目瞭然となります。

このように**借入金に大きく依存している会社と、無借金で余剰資金を運用している会社とでは、経常利益率に大きな差が生じます。**例えば、鉄道や電力などのインフラ関係の業種は借入依存度が高く、利払い額も大きくな

るため、営業利益率と経常利益率を比べると、大きく数値が下がっています。

そして最後は「当期純利益率」です。

当期純利益率は、「**売上に占める当期純利益の割合**」で、会社の最終的な儲けの水準を表す重要な数字。いわば、**その期における会社の業績の結論部分**です。

注意したいのは、特別損益（→P31）など一過性の要因も含まれるため、期によって数値が大きく変動する場合があるということです。例えば、実力のあるランナーでも、たまたま競技中に筋肉痛や肉離れを起こして最下位になってしまうことがありますよね。

同じように、**その期の当期純利益率が低水準でも、それは会社本来の実力を反映していないかもしれません。**そこで会社本来の実力を測るためには、単年度だけでなく、**過去数年分の数値と比較して、時系列分析を行うことが大切**です。

なお、税引前当期純利益率との違いは税金だけなので、最終的な数値であるこの当期純利益率をみれば十分です。

A社の損益計算書

（百万円）

	2022年度	2023年度
売上高	10,000	12,000
売上原価	6,000	7,600
売上総利益	4,000	4,400
販管費	3,000	3,300
うち広告費	700	720
うち開発費	600	600
営業利益	1,000	1,100
営業外損益	−300	−330
経常利益	700	770
税金等	280	308
当期純利益	420	462

Q.1

A社の損益計算書から「売上総利益率」の
変動を計算してみよう。

A 計算の答え

売上総利益率（粗利率）は、「売上総利益÷売上高」で求められる。この数値を、22年度と23年度で比較すれば変動の大きさがわかる。22年度の売上総利益率は「4000÷10000」で40.0％。23年度の売上総利益率は「4400÷12000」で36.7％。従って、A社の売上総利益率は、前期比で3.3ポイント低下している。

分析のコツ！

売上高と売上総利益は、実数でみれば増収増益になっているのに、比率分析をすると収益性が下がっている点に注目。売上総利益率が下がっているということは、原価率があがっているということだ。その原因としては、原料費があがったことや、商品の販売単価が下がったことなどが考えられる。いずれにせよ、商品の付加価値を生み出す力が低下していることに注意したい。

Q.2

A社の損益計算書から「営業利益率」の変動を計算し、
その主な要因を考えてみよう。

A 計算の答え

営業利益率は、「営業利益÷売上高」で求められる。22年度の営業利益率は「1000÷10000」で10.0％。23年度の営業利益率は「1100÷12000」で9.2％。従って、A社の営業利益率は、前期比で0.8ポイント低下している。

分析のコツ！

営業利益率は前期に比べ下がっているが、Q.1で算出した売上総利益率よりも、下げ幅が和らいでいる。その要因は、販管費比率の低下だ。22年度は30.0％だが、23年度は27.5％となっており、広告費や開発費などの経費を抑制していることがわかる。しかしこれらは事業の競争力を高めるためには必要な経費であり、将来の競争力への影響が心配される。

超速！ まとめ

①利益同様、売上高利益率も5つある

②実数だけでなく、「率」でみることが大切

③時系列分析や他社比較分析で利益率を比べてみる

分析（収益性）
03
会社の「収益性」は、どうやってわかる？②

収益性の分析②

「総資産利益率（ROA）」をみる！

ズバリ要点！ 「資産」を活用して、どれだけ
儲けられているか（資産の活用具合）をみる

経営活動の流れ

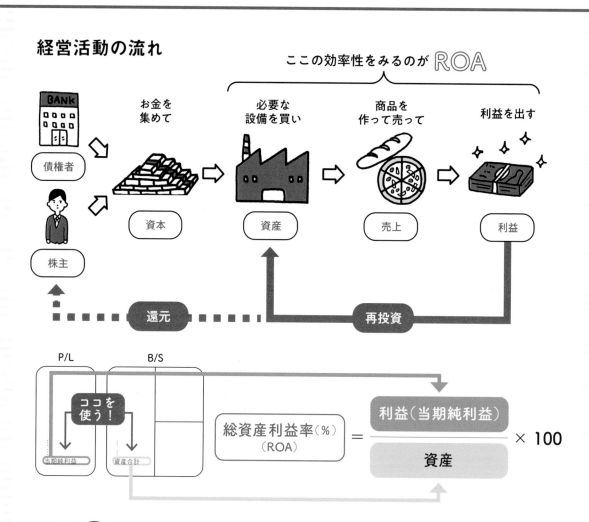

ここの効率性をみるのが ROA

| 債権者 / 株主 | お金を集めて | 必要な設備を買い | 商品を作って売って | 利益を出す |

資本　→　資産　→　売上　→　利益

還元　　再投資

$$総資産利益率（\%）（ROA） = \frac{利益（当期純利益）}{資産} \times 100$$

P/L　B/S

ココを使う！

当期純利益　資産合計

まずはコレだけ！

ROAで「経営活動の効率性」がわかる

会社の経営活動は「資本（自己資本＋負債）→資産→売上→利益」という一連の流れによって成り立っている。「総資産利益率（ROA）」は、このうち「資産→売上→利益」のサイクルの効率性を表し、「資産を活用して、どれだけ利益を得られたか」がわかる。

運動成果と体の大きさを比べてみる

ここまでは損益計算書の情報から、売上高利益率の分析方法をみてきました。しかしこれだけでは、**じつは会社の収益性の一部分しかわかりません**。なぜなら会社の体の大きさ、つまり資産の部分を一切みていないからです。

例えば、AさんとBさんが同じ50mプールをまったく同じタイムで泳いだとします。これだけなら2人とも同レベルの実力に思えますが、Aさんが身長180cmの大人で、Bさんが身長150cmの子どもだったとしたら、いかがでしょうか。Aさんは、体格の違いによるアドバンテージを生かしきれていないということになりますよね（→P17）。

同じように会社の収益性も、**運動成果だけをみるのではなく、運動の成果（利益）とそれを生み出している体の大きさ（資産）を比べる**ことで、「どれだけ効率的に収益をあげられているか」が、よりはっきりとわかります。

このように「**資産に対してどれだけの利益を得られたか**」を表す指標のことを「総資産利益率（ROA＝Return on Assets）」といいます。いわば資産の有効利用の度合です。

ROAは、「利益÷資産」によって求められ、分母となる資産は**貸借対照表の左側にある「資産」の合計額**を、分子となる利益には**損**益計算書の「当期純利益」を用います（ただし、算出の目的によっては「経常利益」や「税引前当期純利益」を用いる場合もあります）。

ROAをみれば経営の上手さがわかる

ROAがなぜ重要なのか、経営者の立場になって考えてみましょう。

左ページの図は、会社の経営活動の一連の流れを表したものです。まず経営者は、株主や債権者からお金（資本）を集めて、それを元手に事業に必要な設備や材料など（資産）を購入します。そしてそこに付加価値をのせて商品として販売し、その売上から利益を確保して、債権者には「金利」と「元本」を、株主には「配当」で富を還元します。そのうえで残った利益は、再び資産の購入に使われ（再投資され）、資産を拡大することでさらに売上と利益を大きくしていきます。

このように経営者のミッションは、「**集めたお金（資本）を活用して、いかに最大限の利益を生み出せるか**」にあり、その効率性（経営の上手さ）を表した指標がROAなのです。

投資家や分析のプロがROAを重要視するのはこのためで、**ROAが高いほど上手に資産を活用して利益を得られている**といえます。

小さな資産（体つき）で大きな利益を出すほどROAは高まる

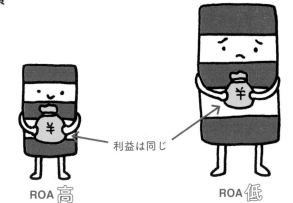

利益は同じ

ROA高　　ROA低

ROAを2つに分解して数値の原因を探る

ＲＯＡは、さらに**2つに分解することで、より深い経営分析ができるようになります。**

先ほどの経営活動の流れを思い出してください。ＲＯＡは「資産→売上→利益」のサイクルの効率性を表すものでした。これを「資産→売上」の部分と「売上→利益」の部分の2つに分解して考えてみましょう。

「資産→売上」の部分は「**資産に対する売上の割合**」を表し、これを「**総資産回転率**」といいます。総資産回転率をみれば、**資産からどれだけ売上を生み出せているかがわかります。**

人に例えると、体の大きさに対してどれだけ運動ができているかというイメージで、総資産回転率が高いほど、運動量が豊富であるといえるでしょう。

一方、「売上→利益」は、52〜57ページで説明した「売上高利益率」を表します。

これは人に例えると、運動量がどれほど結果につながっているかを表しており**売上高利益率が高いほど動きにムダがない**といえます。

このようにＲＯＡを2つに分解すれば、**数値が高かったり低かったりする原因が、「資産→売上」を生む過程にあるのか、それとも「売上→利益」を生む過程にあるのかが判断できます。**言い換えれば、運動成績が悪い場合、大きい体の割に運動量が少ないのか、運動量はあるが動きにムダが多いのか、その原因がわかるのです。

ちなみに、日本の企業は、欧米の企業に比べて回転率よりも利益率が低いという傾向があります。差別化が不十分で、似たような商品やサービスでしのぎを削っている会社が多いためと考えられます。

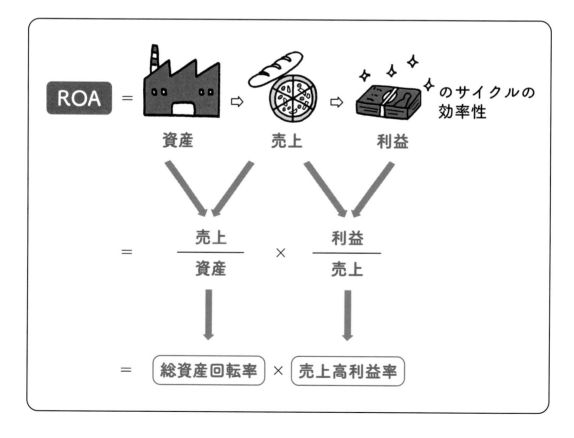

$$\text{ROA} = \text{資産} \Rightarrow \text{売上} \Rightarrow \text{利益} \text{ のサイクルの効率性}$$

$$= \frac{売上}{資産} \times \frac{利益}{売上}$$

$$= \boxed{総資産回転率} \times \boxed{売上高利益率}$$

会社の安全性や成長性を測る指標にもなる

先ほどは経営者の立場からROAをみてみましたが、投資家や従業員など、そのほかのステークホルダーにとっては、どんな意味をもつのでしょうか。

ROAは、サイクルの見方を変えれば、利益によって資産が増えるスピードを表します（利益→資産→売上→利益…）。つまりROAが高い企業は、資産から生み出される売上や利益の成長が早いということです。

これは投資家からすれば「積極的な投資により成長が期待できる会社」と判断できます。また、債権者にとっては、貸付金が返済される確実性が高いと判断できます。

同じように従業員からすれば、ROAが高い会社は「倒産の危険が低く、給与アップも期待できる会社」と考えることができます。

このようにROAは、会社の収益性だけでなく、安全性（→第4章）や成長性（→第5章）とも深く関連しているのです。

さらに、資本を集めて事業を行うというビジネスの本質はどの会社も同じであることから、ROAは業種だけでなく、国内外を問わず世界中の会社の実力を測れるグローバルな指標といえます。

なお、ROA（経常利益ベース）の平均値は、日本の上場企業は4％前後、米国企業は6％前後で推移しています。

ケーススタディ

B社の決算書データ
（百万円）

	2022年度	2023年度
売上高	10,000	12,000
当期純利益	500	550
総資産	8,000	10,000

Q.3

B社の「ROA」を計算し、その変動要因を分析してみよう。

A 計算の答え

ROA（総資産利益率）は、「当期純利益÷総資産」で求められる。22年度のROAは「500÷8000」で6.3％。23年度のROAは「550÷10000」で5.5％。従って、B社のROAは、前期比で0.8ポイント低下している。

分析のコツ！
ROA低下の原因を探るには、「総資産回転率」と「売上高利益率」の2つに分けて考える。それぞれの22年度と23年度の数値を比較すると、総資産回転率は1.25から1.2へ、売上高利益率は5.0％から4.6％へ、いずれも低下していることがわかる。つまりB社は、体（資産）は大きくなったが、それに見合った売上と利益を出せていないといえる。

超速！ まとめ

①ROAをみれば、経営活動の効率性（上手さ）がわかる

②ROAは「総資産回転率」と「売上高利益率」の2つに分解できる

③ROAは、安全性や成長性も測れるほか、業種や国を問わず使える

収益性の分析③

「自己資本利益率(ROE)」をみる！

ズバリ
要点！ 「自己資本」を活用して、
どれだけ儲けられているかをみる

経営活動の流れ

ここの効率性をみるのが ROE

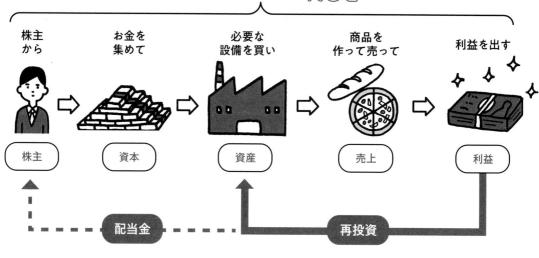

株主から → お金を集めて → 必要な設備を買い → 商品を作って売って → 利益を出す

株主 → 資本 → 資産 → 売上 → 利益

配当金　　　再投資

$$自己資本利益率(\%)（ROE） = \frac{利益（当期純利益）}{自己資本（純資産）} \times 100$$

P/L　B/S
ココを使う！
当期純利益　純資産合計

まずはコレだけ！

ROEで「株主に対する見返りの大きさ」がわかる

「自己資本利益率(ROE)」は、「自己資本→資産→売上→利益」のサイクルの効率性を表し、「自己資本の活用具合」がわかる。ROEの数値が高いほど、株主が投資したお金をうまく使って利益をあげている、つまり「株主にとって見返りの大きい会社」といえる。

株主はROEの数値で
会社の収益性を判断する

資金提供者のうち、特に「株主の視点」に特化した指標があります。それが「自己資本利益率（ＲＯＥ＝Return on Equity）」です。

先のＲＯＡでは資産に対する利益の大小をみましたが、ＲＯＥでは、株主から集めたお金に対する利益の大きさをみます。

株式会社という仕組みの本質に則れば、**会社の所有者は経営者ではなく、株主です。**従って、株式会社の最大の目的は、会社を所有する人（＝株主）の利益を最大化することといっても過言ではありません。つまり株主からみれば、「**自分が出資したお金を活用して、どれだけ大きな利益を生み出せるか**」が、**会社を評価する最大のポイント**といえます。

ＲＯＥは、「利益÷自己資本（純資産）」によって求められます※。分母となる自己資本には、一般的には**貸借対照表の「純資産」の中の「株主資本額」**が使われます。また、分子となる利益には、**損益計算書の「当期純利益」**を用います。

先ほどみたＲＯＡの計算には、株主から集めたお金以外に、銀行などから借りた「負債」も含まれていましたが、**ＲＯＥでは自己資本**（純資産）に限定することで、「**株主に帰属するお金を使って、どれだけ効率的に利益を出せたか**」を測ることができます。

ROEが高いほど
見返りが大きい

ＲＯＥは、株主などの投資家にとって、投資先の会社を決めるうえでの重要な指標となります。**ＲＯＥの数値が高いほど、投資した資本に対して効率よく利益を出している、つまり「株主に対してより多くの見返りを与えている会社」**といえるからです。

日本の企業をみてみると、東証プライムの全業種のＲＯＥの平均値は9.2％となっています（2023年3月期決算短信集計より）。また、過去のデータをみると、5〜10％で推移しています。あくまで目安ですが、**ＲＯＥが10〜15％あれば、株主にとって見返りの多い優秀な会社である**といえるでしょう。

投資家は、株主資本を上手に使って、より効率的に利益を生み出せそうな会社を複数の業種の中から探し出します。ＲＯＥは、そのための重要な判断材料であり、ＲＯＡと同じく、業種を越えて投資先を比較検討できる便利な指標なのです。

投資するなら
コッチだ！

ROE 10%　　　ROE 5%

※厳密には、短信では分母に「株主資本」を、分子に「親会社帰属利益」を使用します

ROEが高ければ すべていいわけではない

さて、ここまでの説明を聞くと、皆さんが投資家だったら、1％でもROEの高い会社に投資したいと思われるのではないでしょうか。

その判断は間違っていませんが、ただし注意が必要です。**ROEが（同業他社に比べ）異常に高い会社には、表面からはみえない、カラクリが潜んでいる場合がある**からです。

その仕組みをみてみましょう。62ページ下に示したとおり、ROEは「自己資本→資産→売上→利益」のサイクルの効率性を表したものです。このうち「資産→売上→利益」の流れは、すでにみましたね。そう、ROAです（→P58）。このROAのサイクルに「自己資本→資産」の要素を加えたものが、ROEです。

さらに細かく分解していきます。ROAのうち、「資産→売上」は総資産回転率を、「売上→利益」は売上高利益率を表しました（→P60）。では新たに加わった「自己資本→資産」の要素は、何を表すのでしょうか。

端的にいうと、これは**負債の大きさ、つまり借金の大きさを表しています。**

貸借対照表を思い出してください。表の左側と右側の合計額は必ず一致する、つまり「資産＝負債＋純資産」でしたね。

先ほどの「自己資本→資産」の要素は、「**資産のうち、どれだけの金額を自己資本（純資産）から調達できているか**」を表します。

これは裏返せば、「資産のうち、どれだけの金額を他人資本（負債）によってまかなっているか」を意味することにお気づきでしょうか。つまり**自己資本の大きさを考えることは、他人資本である負債の大きさを考えることとイコールであり、自己資本の割合が大きいほど負債は小さく、自己資本の割合が小さいほど負債は大きくなる**といえます。

このような**資産における負債の依存度（活用度）**のことを、専門用語で「レバレッジ」といいます。レバレッジとは、「てこ」という意味です。これは自分の力（自己資本）が小さくても、てこ（負債）を利用することで、重いものでも動かせる（事業を拡大できる）ことからきています。

ROE ＝ 自己資本 ⇨ 資産 ⇨ 売上 ⇨ 利益 のサイクルの効率性

$$= \frac{資産}{自己資本} \times \frac{売上}{資産} \times \frac{利益}{売上}$$

＝ レバレッジ × 総資産回転率 × 売上高利益率

ROA

ROEをみるときは
自己資本の割合も確認する

ここまでの話をまとめましょう。

ROEの「自己資本→資産→売上→利益」の流れを数式に置き換えると、「ROE＝レバレッジ（資産÷自己資本）×ROA（総資産回転率×売上高利益率）」となります（→左ページ下）。

こうしてみると、**ROEの高さは、ROA（経営活動の上手さ）だけでなく、レバレッジの高さ（負債の大きさ）にも左右される**こ

とがわかると思います。つまりROAに関係なく、**借金が膨らめば膨らむほどROEの数値は自然と高まってしまう**のです。このように、ROEが高まっている裏に、財務の安定性が損なわれている場合があるので注意が必要です。

もちろんレバレッジが悪いというわけではなく、負債を上手に活用することで順調に事業を拡大している会社もあります。ROEの上昇が、総資産回転率、売上高利益率、レバレッジのどこからくるのか、その要因を分析することが重要なのです。

ケース
スタディ

B社とC社の決算書データ
（百万円）

	B社	C社
売上高	10,000	15,000
当期純利益	500	800
総資産	8,000	10,000
純資産	2,000	4,000

Q.4

B社とC社の「ROE」を計算し、両社を比較分析してみよう。

A
計算の
答え

ROE（自己資本利益率）は、「当期純利益÷純資産」で求められる。B社のROEは「500 ÷ 2000」で25％。C社のROEは「800 ÷ 4000」で20％。従って、B社のほうがROEは5.0ポイント高い。

分析のコツ！

3つの要因に分解して分析してみよう。売上高利益率はB社が5.0％、C社が5.3％で、C社が上回る。また総資産回転率は、B社が1.25、C社が1.5で、これもC社が上回る。以上の要因から、事業からの収益性（ROA）はC社のほうが高い。しかしレバレッジ（負債の活用度）は、B社が4.0倍、C社が2.5倍とB社が上回っている。つまり、B社のROEが高いのは、事業ではなく負債の活用によることがわかる。

超速！ まとめ

①ROEをみれば、株主資本に対する見返りの大きさがわかる

②レバレッジが高まれば、ROEの数値も高くなる

③ROEをみるときは、3つの要素に分解して要因を確認する

収益性の分析④

収益性の分析④

「利益変動」と「損益分岐」を知る！

ズバリ要点！ 利益の大きさは、費用の内訳によって変わる

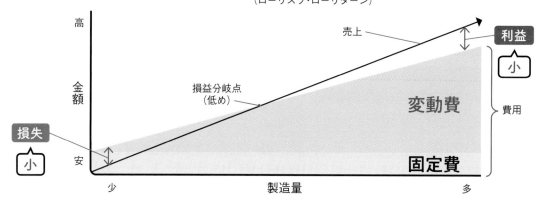

費用のうち「変動費」の割合が大きい → 利益の変動が小さい
（ローリスク・ローリターン）

費用のうち「固定費」の割合が大きい → 利益の変動が大きい
（ハイリスク・ハイリターン）

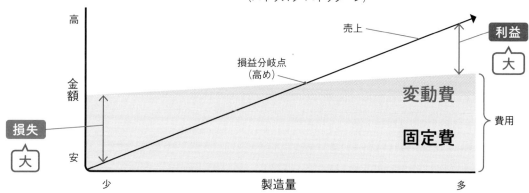

まずはコレだけ！ 変動費と固定費の割合で、リスクとリターンの大きさが決まる

費用には、売上に応じて増減する「変動費」と、売上にかかわらず一定して発生する「固定費」がある。変動費の割合が大きいと利益のブレ幅は小さくなり（ローリスク・ローリターン）、固定費の割合が大きいと利益のブレ幅は大きくなる（ハイリスク・ハイリターン）。

費用には「変動費」と「固定費」がある

収益性分析の最後に、会社の利益が費用によって変動する仕組みを学んでおきましょう。

複数の会社の決算書をみてみると、売上の伸びにともなって利益も大きく増えている会社と、それほど利益が増えていない会社があることがわかります。なぜこのような違いが生まれるのでしょうか。

その原因は、費用の"内訳"にあります。

売上に対する費用は、大きく「変動費」と「固定費」の2つに分けられます。簡単にいうと、変動費とは「売上にともなって増減する費用」のことで、固定費とは「売上にかかわらず一定して発生する費用」のことです。

例えばパンを売るときに、材料費（→変動費）はパンをつくるほど増えますが、店舗の家賃（→固定費）はパンの個数にかかわらず一定して発生しますよね。

このように売上に連動して変わるのが変動費、連動しないのが固定費の特徴です。

主な変動費と固定費

> 変動費（売上に連動して増減）
> 材料費、燃料費、消耗品費　など
>
> 固定費（売上にかかわらず発生）
> 本社や店舗の家賃、工場や機械などの減価償却費、管理部門の人件費、広告宣伝費、R&D費用（研究開発費）　など

固定費の割合が大きいほど利益の変動も大きくなる

では、変動費と固定費は、利益の変動にどんな影響を与えるのでしょうか。

左ページのグラフをみてください。費用のうち、固定費の割合が大きいほど、売上が伸びたときは利益が増え、逆に売上が減ったときは損失が大きくなっていることがわかります。つまり固定費は、売上の変動による利益の増減（ブレ幅）を大きくする「てこ」のような役割を果たしているのです。

そして、この2つの費用の割合から、会社の収益性をあげるヒントが得られます。

左のグラフのうち、売上のラインと費用のラインが交わる点、つまり「売上と費用（変動費＋固定費）が釣り合う点」を「損益分岐点」といいます。会社の収益性をあげるには、この収支が±0になる損益分岐点を下げればいいのです。そうすれば、少ない売上でも、利益を確保（黒字化）できます。

損益分岐点を下げる方法はいくつかありますが、即効性があるのは固定費を減らすことです。売上（製造個数）が少ないうちは変動費の割合も小さいため、変動費より固定費を削って費用のベースを下げたほうが利益を出しやすくなります。

このように、会社によって利益変動の大きさに違いがあるのは、費用構造の違いが影響していることを理解しておきましょう。

超速！まとめ

① 「変動費」は売上に連動して増減、「固定費」は連動せず一定
② 固定費の割合が大きいほど、利益のブレ幅が大きくなる
③ 収益性をあげるには、固定費を削って損益分岐点を下げる

株価からみえる
会社の評価

経済ニュースをみていると、株価上昇や下落といった話題がよく出てきます。

そもそもこの株価とは、どのようにして決められるのでしょうか。

株価は、会社が発行する株式の一株当たりの価値を指します。

例えば、一株当たりの価格を1000円に設定するとしましょう。このとき発行した株数が300万だとすれば、会社は「1000円×300万」で30億円の資本金を得ることになります。この資本金は株主に帰属するものであるため、「株主資本」とも呼ばれます。貸借対照表でいうと、右下の「純資産の部」のなかにあります。会社はこれを元手にして事業を行い、会社を成長させていくのです。

注意したいのは、株価は"時価"であるということ。

先ほどの例でいえば、一株1000円と設定された価格は"簿価"と呼ばれ、"時価"とは区別されます。簿価が1000円の株式も、実際の市場では、1500円だったり、800円だったりと、設定価格よりも高い（低い）価格で売買されることがほとんどです。

なぜこのようなことが起こるのでしょうか。

そもそも市場でつけられる株価は、会社の「現在の価値」を表しています。それは将来の利益そしてキャッシュ・フローがどれほど伸びるかという見込みを反映しています。そのため、高い成長が見込まれる会社ほど、株価は高くなります。そして簿価との差が大きくなっていきます。逆に、将来性に乏しい会社には、簿価を下回る株価がつくことも珍しくないのです。

そしてこの株価（時価）に、発行済株式総数を掛けたものを「時価総額」といいます。これは決算書には表れない、市場が決めた会社の値段、つまり株主価値なのです。

また、会社の評価を見極めるために役立つ指標が、当期純利益を株数で割った「一株当たり利益（EPS）」と、純資産を株数で割った「一株当たり純資産（BPS）」（日本では「一株当たり親会社所有者帰属持分」と表記）です。株価をEPSで割った指標は「株価収益率（PER）」、株価をBPSで割った数値は「株価純資産倍率（PBR）」と呼ばれ、**ともに大きいほど会社の価値が高く評価されている**といえます。

$$EPS = \frac{当期純利益}{株数} \qquad BPS = \frac{純資産}{株数} \qquad PER = \frac{株価}{EPS} \qquad PBR = \frac{株価}{BPS}$$

※ EPS＝Earnings Per Share、BPS＝Book-value Per Share、PER＝Price Earnings Ratio
PBR＝Price Book-value Ratio

分析
（安全性）

第4章

会社の「安全性」はココをみる

お金を貸して下さい

仕方ないですねぇ

借金

BANK

会社が倒産する
理由を知ろう

ズバリ要点！ 資金繰りに行き詰まったとき、会社は倒産する！

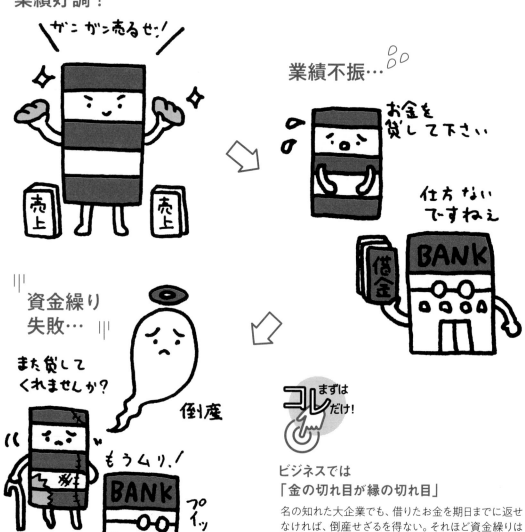

業績好調！

ガンガン売るゼ！

売上　売上

業績不振…

お金を
貸して下さい

仕方ないですねぇ

借金　BANK

資金繰り
失敗…

また貸して
くれませんか？

倒産

もうムリ！

BANK

プイッ

コレ まずはだけ！

ビジネスでは
「金の切れ目が縁の切れ目」

名の知れた大企業でも、借りたお金を期日までに返せ
なければ、倒産せざるを得ない。それほど資金繰りは
重要であり、安全性をみるうえでは欠かせない要素だ。

信用を失った会社は事業を継続できない

4章では、3つの視点の2つ目、会社の「安全性」を測る方法を学んでいきましょう。

安全性分析とは、ずばり「会社が今後も事業を継続していけるか」を確かめること。事業が継続できなくなるのは、会社が生存不能になるとき、つまり「倒産」です。安全性分析のキモは、会社がこの倒産のリスクを抱えていないかを読み取ることにあります。

では、そもそも会社はどんな場合に倒産するのでしょうか。一般的には、「赤字が何年も続くと倒産する」というイメージがあるかもしれません。もちろん、赤字が長く続けば倒産のリスク大ですが、厳密には「資金繰りに行き詰まったとき」に会社は倒産します。

資金繰りに行き詰まるとは、業績不振などで「借りていたお金を期日までに返せなくなる（債務不履行に陥る）」ことです。手元の資金が枯渇して、「不渡りを出す（手形や小切手の支払いが滞る）」と、すべての金融機関にその事実が通告され、今後の融資が受けにくくなってしまいます。人に例えるなら、出血している重症患者が輸血を受けられないのと同じで、大変危険な状態です。

そして借入金を期限内に返済できず、返済猶予や追加融資にも応じてもらえなかった場合、会社は債務不履行状態となり、破産を申請することになります。

安全性は、会社の体つきと血液の流れをみる

では具体的に、決算書のどこをみれば会社の安全性がわかるのでしょうか。

3章の収益性の分析では、損益計算書を主に使いましたが、安全性を分析するときは、貸借対照表とキャッシュ・フロー計算書の2表を使います。人間と同じで、健康かどうかを知るには、体の内部（脂肪・筋肉・骨格の状態）や、血液の流れをみることが欠かせません。つまり会社の資産がどのように構成されているのか、また現金の動きに異常はないかを確認するのが、安全性分析なのです。

先ほど「会社が倒産するのは資金繰りに行き詰まったとき」と説明しましたが、資金繰りに行き詰まる会社の決算書には、最終的に次の2つの異常が現れます。

----

①資産の元手のうち、借金（他人資本）の割合が極端に大きく、バランスが悪い
②現金を生み出せていない

----

①と②は関連しており、事業から現金を生み出せないと借金が膨らみ、最後には返済不能となります。つまり倒産する会社は、貧弱な骨格で、大量の血を流しながら走っているようなものなのです。

安全性の分析では、会社がこのような状態に近づいていないかを確かめていきます。

超速！まとめ

①安全性分析では、会社が今後も事業を継続できるか確かめる
②B/SとC/Sを確認して、資金繰りに問題ないかをチェックする
③現金が生み出せておらず、借金が多い会社は要注意！

安全性の分析①

B/Sの「上下」のバランスをみる！

ズバリ
要点！　純資産（自己資本）と負債（他人資本）の
割合で安全性は変わる！

● 総資本に占める純資産の割合（会社の骨の太さ）がわかる

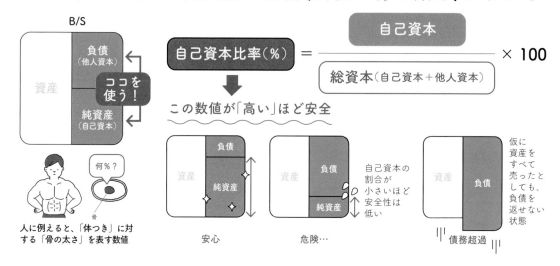

$$自己資本比率（\%）＝\frac{自己資本}{総資本（自己資本＋他人資本）}×100$$

この数値が「高い」ほど安全

人に例えると、「体つき」に対する「骨の太さ」を表す数値

安心　　　　危険…　　　　債務超過

仮に資産をすべて売ったとしても、負債を返せない状態

● 実質的な借金の大きさがわかる

$$ネットD/Eレシオ（倍）＝\frac{純有利子負債^{※}}{純資産}$$

この数値が「低い」ほど安全

※純有利子負債＝「有利子負債（短期＆長期の借入金と社債の合計）」－「現預金」

まずは
コレだけ！

純資産（自己資本）が多いほど、安全性は高まる
借金が少ないほど、会社の資金繰りは楽になり、安全性は向上する。決算書から「自己資本比率」や「ネットD/Eレシオ」を計算することで、純資産と負債の割合を確認できる。

会社の骨格の太さがわかる 「自己資本比率」

ここからは貸借対照表を使った安全性分析の具体的な方法をご紹介します。

まず確認したいのは、資産の元手（右側）の「上下」。つまり、**負債（他人資本）と純資産（自己資本）のバランス**です。会社が倒産するのは、借金を返せなくなったときでした。これは裏を返せば、原則借金がなければ会社は倒産しないということ。つまり**自己資本が多いほど、安全性は高い**といえます。

それがわかるのが「自己資本比率」です。この比率は、すべての資本のうち、自己資本（純資産）※が占める割合を表します。

自己資本の多さは、いわば会社の「骨格の太さ」です。骨格がしっかりしていれば、その上に十分な筋肉（固定資産）をつけ、活発に運動してたくさんの血液を生み出せます。しかし骨格が貧弱なまま、重いロボットスーツ（負債）を着れば、足元がふらつき転んで、大量出血することになりかねません。

一般的に、日本企業の自己資本比率は**30％以上が望ましく、50％以上あれば安全性が高い**といえます。ただし、その水準は業種や業態によって異なるため、数社の同業他社と比較して数値の高低を確認しましょう。

なお、負債が増えすぎて、仮に資産を全部売っても返済できない状態を「**債務超過**」と呼び、倒産の危険性が高い状態といえます。

実質的な借金の大きさがわかる 「ネットD/Eレシオ」

貸借対照表の「上下」を使った、もうひとつの安全性分析が「ネットD/Eレシオ（ネット・デット・エクイティ・レシオ）」です。

これは「純有利子負債比率」とも呼ばれ、「**返す必要がある借金（純有利子負債）が、返さなくてもいいお金（純資産）の何倍あるか**」を表します。例えば、ネットD/Eレシオが「3倍」なら、純有利子負債が純資産の3倍ある状態。「0.5倍」ならば、純有利子負債は純資産の半分というわけです。この数値は**低いほど安全**で、一般に、**2倍を超えると警戒水準**とされます。

この指標のポイントは、負債から現預金を除いた「ネット（純額）」で考えることです。例えば、有利子負債が500億円、純資産が200億円ある場合、有利子負債額は純資産の2.5倍になるため危険な状態のように感じられます。ところがその会社が、現預金を300億円もっている場合、実質的な借金（"純"有利子負債）は200億円（500億−300億）となり、ネットD/Eレシオは1倍と計算されます。つまり、その会社の財務安全性は高いと評価できるのです。

このようにネットD/Eレシオは、会社の債務返済能力を表す目安のひとつであり、数値が低いほど長期的な借金の返済能力が高く、倒産のリスクが低いことを意味します。

超速！まとめ

① 貸借対照表の右側の「上下」（負債と純資産）のバランスをみる
② 自己資本比率（純資産の割合）が高いほど、会社の安全性は高い
③ ネットD/Eレシオは低いほど、負債の割合が小さく安全

※ 厳密には、純資産中の株主資本（および「その他包括利益累計額」がB/Sに計上されている場合はそれも含める）を指す

安全性の分析②

B/Sの「左右」のバランスをみる！

ズバリ
要点！　「流動比率」は高いほど、
「固定比率」は低いほど安全！

● 短期的 な資金繰りの安全性がわかる

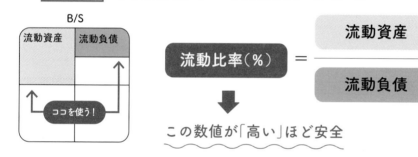

$$流動比率（\%） = \frac{流動資産}{流動負債} \times 100$$

この数値が「高い」ほど安全

● 中長期的 な資金繰りの安全性がわかる

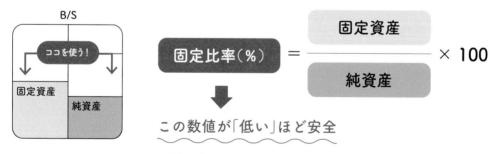

$$固定比率（\%） = \frac{固定資産}{純資産} \times 100$$

この数値が「低い」ほど安全

※固定比率の数値が高いときは、固定長期適合率を調べて安全性をチェック！

$$固定長期適合率 = \frac{固定資産}{純資産 ＋ 固定負債} \times 100$$

低いほど安全

まずはコレだけ！

会社の財産と元手の"性質"に注目する

会社の資産（左側）とその元手（右側）は、それぞれ「流動的」なものと「固定的」なものの2つに分けられる。資産を構成する元手の性質（流動か、固定か）と、その割合を調べれば、短期～長期にわたる資金繰りの安全性がわかる。

短期の安全性は「流動比率」でわかる

会社の安全性をさらに深く測るには、貸借対照表の「左右」のバランスも大切です。この左右のバランスから、会社の「借金の返済能力」がみえてきます。

まず確認したいのが、流動負債に対する流動資産の割合です。これを「流動比率」といい、比較的短期の資金繰りの安全性を表します。

わかりやすく身近な例で考えてみましょう。

仮にあなたが100万円を借りていて、来月末が返済期限とします。現金や預貯金、あるいは商品券のように売ればすぐに現金化できるものが十分にあれば安心でしょう。

しかし、そうでなければ車や家、土地などの財産（資産）を売らなければなりません。とはいえ、家や土地は商品券などと異なり、すぐに売れるとは限りません。

このようにすぐ（1年以内）に返済義務のある流動負債に対し、1年以内に現金化できる資産（流動資産）がどれだけあるかを表した数値が、流動比率です。

流動比率は100％を超えて高いほどよく、一般的には150％以上あれば安全性が高いといわれます。1年以内に返す借金に備えて、すぐに現金化できる資産（現預金や売掛金など）を1.5倍以上もっていれば安心、というわけです。なお日本企業の流動比率は、平均で130〜140％程度で推移しています。

中長期の安全性がわかる「固定比率」と「固定長期適合率」

次に確認したいのが、自己資本（純資産）に対する固定資産の割合です。これを「固定比率」といい、中長期的な資金繰りの安全性がわかります。

土地や建物、工場設備など、長期間使用する固定資産は、返済義務のない自己資本で運用する割合が高いほど安全ですよね。そのため固定比率は、低いほどよいとされます。

この数値が100％を超える場合、固定資産の一部を負債によって運用していることになります。ただし、100％を超えたからといって即危険、というわけではありません。なぜなら日本の多くの企業は、銀行から融資を受けて設備投資を行っており、実際に日本の全産業の平均値は150％程度あるからです。

ただ固定比率が高いときは「すぐに返済が必要な借金（流動負債）で固定資産を購入していないか」チェックが必要です。

それを確かめるのが「固定長期適合率」で、これは純資産と固定負債（すぐに返す必要のないお金）の合計で固定資産の代金をまかなえているかを表します。

固定長期適合率が100％を超えた場合は、固定資産の一部を流動負債でまかなっているということ。身近な例でいえば、返済期限の短い消費者金融に借りたお金を、住宅資金の一部にあてているような状態です。

超速！ まとめ

① 貸借対照表の「左右」を比べれば、借金の返済能力がわかる

② 「流動比率」が高いほど、短期的な資金繰りは安全

③ 「固定比率」は低いほどよく、高いときは「固定長期適合率」もみる

分析(安全性) **04** 会社の「安全性」は、どうやってわかる？③

財務三表の組み合わせでみる

ズバリ要点！ 「金利の支払い能力」と
「借金の返済能力」を数値化する！

● 利払い能力がわかる

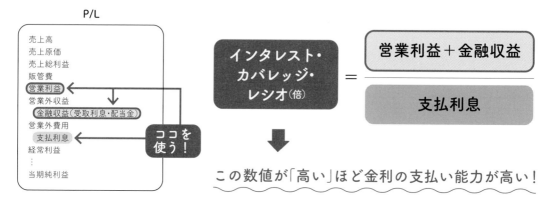

P/L

売上高
売上原価
売上総利益
販管費
営業利益
営業外収益
金融収益(受取利息・配当金)
営業外費用
支払利息
経常利益
⋮
当期純利益

ココを使う！

$$インタレスト・カバレッジ・レシオ（倍） = \frac{営業利益＋金融収益}{支払利息}$$

この数値が「高い」ほど金利の支払い能力が高い！

まずはコレだけ！ 会社の「利払い能力」をみる

「インタレスト・カバレッジ・レシオ」とは、会社の「利払い能力」のこと。会社が、支払利息に対して何倍の「営業利益（金融収益含む）」を稼いでいるかがわかり、数値が高いほど安全性が高い。

● 借金完済までにかかる年数がわかる

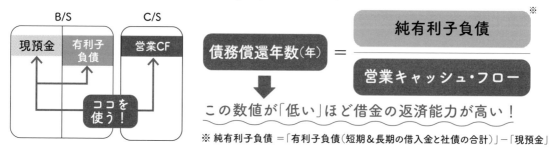

B/S

現預金 | 有利子負債

C/S

営業CF

ココを使う！

$$債務償還年数（年） = \frac{純有利子負債※}{営業キャッシュ・フロー}$$

この数値が「低い」ほど借金の返済能力が高い！

※ 純有利子負債 ＝「有利子負債（短期＆長期の借入金と社債の合計）」－「現預金」

まずはコレだけ！ 会社の「借金の返済能力」をみる

「債務償還年数」は、会社が事業から生み出した現金（営業CF）を使って、借金完済までにかかる年数を計算したもの。年数が少ないほど安全性が高く、借金の返済能力が高い。

ここまでは貸借対照表を使った安全性分析の方法をみてきました。しかし実は、財務三表を組み合わせてみることで、さらに細かく、具体的な指標を得ることができます。

その１つが、「**インタレスト・カバレッジ・レシオ**」です。難しそうな名前ですが、**要は会社の「利払い能力（借入金などにつく利息の支払能力）」のこと**を指します。

この数値をみれば、会社が支払利息（借金の利息）に対して何倍の「営業利益（金融収益含む）」を稼いでいるかがわかります。計算は単純で、損益計算書から容易に求められます（→左ページ）。簡便的に営業利益のみで計算する場合もありますが、営業外収益に含まれる「**金融収益**（会社が保有する預金や有価証券に対して支払われる受取利息や配当金など）」を加味することで、より正確な利払い能力がわかります。

インタレスト・カバレッジ・レシオの数値が高いということは、会社の金利負担能力が高く、財務的に余裕があるということです。業種によって差はありますが、一般的には、５倍以上あるのが望ましく、10倍以上なら安全性がかなり高いと言えます。

一方で、**３倍を下回ると注意**が必要で、その状態が数期連続すると金融機関からの資金調達に影響が出るおそれもあります。ゆえに金融のプロも重要視する指標です。

貸借対照表とキャッシュ・フロー計算書を組み合わせれば、会社のおおまかな「借金の返済能力」を測ることもできます。その指標が「債務償還年数」です。

これは平たく言うと、会社が事業で生み出したお金（営業CF）を使って、借金完済までにかかる年数を表します。例えば、その年の営業CFが15億円、「純有利子負債（借入金から現預金を差し引いた額）」が105億円だった場合、「105億÷15億」で借金完済までに７年ほどかかると見込めます。業種によって異なるため一概には言えませんが、**5年を超えると要注意、10年を超えると債務不履行の可能性が高まる**と考えられます。

ただし現実的には、会社は営業CFをすべて借金返済に使えるわけではありません。事業を継続するためには、設備投資などの資金（投資CF）が必要になります。そのため実際の資金繰りは、この指標が示す以上に苦しい場合もあるため注意が必要です。より正確な資金繰りを把握するには、キャッシュ・フロー全体を細かく分析しましょう。

また当然ですが、営業CFと純有利子負債の額は毎年変動します。「当期の営業CFがたまたま少なかった」ということもあり得るため、５年前、３年前、昨年と、長いスパンで**債務償還年数の変動を確認**しましょう。

超速！まとめ

①財務三表を組み合わせれば、より細部まで安全性を測れる
②「インタレスト・カバレッジ・レシオ」は、５〜10倍あると安心
③「債務償還年数」は５年を超えると注意、10年を超えると危険水域

安全性の分析④

現金(キャッシュ)の流れを確認!

ズバリ要点! 「営業CF」「投資CF」「財務CF」が
それぞれ「＋」か「－」かに注目する!

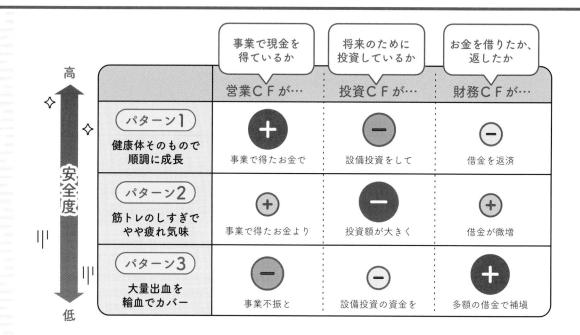

	事業で現金を得ているか 営業ＣＦが…	将来のために投資しているか 投資ＣＦが…	お金を借りたか、返したか 財務ＣＦが…
パターン1 健康体そのもので順調に成長	＋ 事業で得たお金で	－ 設備投資をして	－ 借金を返済
パターン2 筋トレのしすぎでやや疲れ気味	＋ 事業で得たお金より	－ 投資額が大きく	＋ 借金が微増
パターン3 大量出血を輸血でカバー	－ 事業不振と	－ 設備投資の資金を	＋ 多額の借金で補填

(安全度 高←→低)

● 自由に使えるお金がどれだけあるかがわかる

C/S

営業CF ＋ or －	←ココを使う!
投資CF ＋ or －	←
財務CF ＋ or －	

フリーＣＦ ＝ 営業CF ＋ 投資CF

プラスの値が大きいほど、現金に余裕がある!

まずはコレだけ! 3つのCFを組み合わせて分析する

「営業CF」「投資CF」「財務CF」の「＋」と「－」を組み合わせることで、安全性のパターンがわかる。また、「営業CF＋投資CF」で、現金に余裕があるかがわかる。

会社の体に異変を感じたら血流をチェックする

最後はキャッシュ・フロー計算書を使った安全性分析です。資金繰りに行き詰まったときは、体つきが変わるだけでなく、体に十分な血液（現金）が巡らなくなります。

安全性を分析するうえでは、「営業ＣＦ」「投資ＣＦ」「財務ＣＦ」の３つの数値の大小（プラスマイナス）に注目しましょう。それぞれの数値の大きさを比較することで、会社の健康状態を大きく３つのパターンに分類できます。左ページをみながら説明します。

パターン1 事業が好調で多くの現金を生み出せている状態。事業で得た利益を使って設備投資を行っており、さらに余った現金を借金の返済や配当に回すことができています。これにより負債（他人資本）の比率も下がるため、健康状態は極めて良好と言えます。

パターン2 事業で現金を生み出せてはいるものの、それを上回る額を投資している状態。営業ＣＦのプラスでまかないきれない分を、外部からの資金調達（借金）で補っています。ベンチャー企業など、成長過程にある会社は、このようなパターンを示しやすいです。一方で、単に業績が低迷し、営業ＣＦが減少している場合もあり得るため、過去数年の決算書を調べるなど経過観察が必要です。

パターン3 業績不振にもかかわらず、事業継続のために設備投資を行わなければならないことから、それらの資金不足を多額の借金で補っている状態。傷だらけの体を輸血によって何とか保っているようなものです。融資が止まればすぐに倒れてしまうため、営業ＣＦの早急な改善が必須と言えます。

「フリーＣＦ」を調べればお金に余裕があるかがわかる

３つのパターンを調べる以外に、事業継続に十分な量の現金を生み出せているか簡易的に求める方法もあります。それが「フリーＣＦ（フリー・キャッシュ・フロー）」です。

フリーＣＦは、「会社が自由に使えるお金の多さ」を表します。計算式は簡単で、「営業ＣＦ＋投資ＣＦ」で求められます。要は、事業で生み出したお金から、投資に使ったお金を差し引いた（もしくは投資で得たお金を足した）後に、手元に余った現金です。

フリーＣＦがプラスであれば、余ったお金を借金返済にあてたり、株主に配当金を多めに出すなど株主還元策を充実させることができます。反対に、フリーＣＦがマイナスの場合は、事業継続に必要なお金を生み出せていないということですから、これまで貯めたお金（利益剰余金）を取り崩したり、社債の発行や借入を行うなど外部から資金を調達したりして、不足分を補う必要があります。

超速！まとめ

①貸借対照表に異変を感じたら、キャッシュの流れをチェック
②３つのＣＦの ±（プラスマイナス） の大小とその原因から、安全度がわかる
③フリーＣＦがプラスなら資金が潤沢、マイナスなら資金不足

安全性の分析⑤
「運転資金」を正しく理解しよう

ズバリ要点！

利益が出ていても、運転資金が足りないとアブナイ！

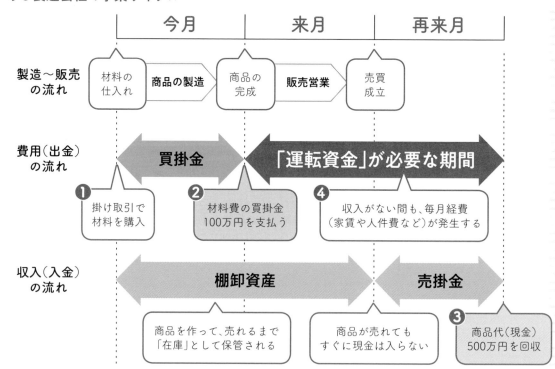

（事業継続に必要なお金）　　（キャッシュ〈収入〉に変わる前の資産）　　（まだ支払っていない費用）

運転資金 ＝ 売掛金 ＋ 棚卸資産 － 買掛金

ある製造会社の事業サイクル

	今月	来月	再来月

製造〜販売の流れ
材料の仕入れ → 商品の製造 → 商品の完成 → 販売営業 → 売買成立

費用（出金）の流れ
買掛金　　「運転資金」が必要な期間

❶ 掛け取引で材料を購入
❷ 材料費の買掛金100万円を支払う
❹ 収入がない間も、毎月経費（家賃や人件費など）が発生する

収入（入金）の流れ
棚卸資産　　売掛金

商品を作って、売れるまで「在庫」として保管される
商品が売れてもすぐに現金は入らない
❸ 商品代（現金）500万円を回収

まずはコレだけ！

運転資金が足りないと、資金繰りが悪化して事業継続が困難に

掛け取引では、収入の回収と費用の支払いに「ズレ」が生じる。そのため収入回収まで事業を継続するために運転資金が必要となる。これが不足すると資金繰りが悪化する。

入出金のズレを解消するのが運転資金の役割

資金繰りの安全性は、会社の「運転資金」を調べることでもわかります。

運転資金とは「事業を継続するために必要になるお金」のこと。例えば、ある製造会社が、500万円分の商品を作って売ったとします。材料費として100万円を支払い、残りの400万円で家賃や人件費、新しい材料費などを払って、再び商品を作る。このサイクルを続ければ、問題なく事業を継続できます。

ところが実際の事業では、左の図のように、**商品代の回収と費用の支払いには、「時間的なズレ」が生じる**ことがほとんどです。

例えば、今月頭に材料を掛け取引（ツケ）で購入（❶）し、1か月後の来月頭に買掛金100万円を支払ったとします（❷）。しかし購入した材料が商品になり、商品代（現金）500万円が入ってくるのは再来月末です（❸）。この間（来月頭〜再来月末）も、当然、家賃や人件費といった諸々の経費が発生します（❹）。では、どうするか？

ここで必要になるのが、運転資金です。左の図の例の場合、来月と再来月の2か月分の経費を払える資金があれば、事業を継続できます。言い換えれば、運転資金とは**「収入（入金）と費用（出金）のタイムラグを埋めるための資金」**なのです。

運転資金が不足している場合は、帳簿上は利益が出ていても、資金が底をついて経費が払えず「黒字倒産」しかねません。そのため会社の運転資金の有無や多寡を確認することは、資金繰りの安全性を分析するうえで、とても重要な指標となります。

必要な運転資金額は支払い条件や売上で変わる

会社が事業継続のために必要とする運転資金の金額は、決算書から具体的に求められます（→左ページの計算式を確認）。

売掛金と**棚卸資産**（在庫）は、「キャッシュ〈収入〉に変わる前の資産」（棚卸資産は、将来商品になって売れば収入になる）。逆に、**買掛金**は「まだ支払っていない費用」と言えます。これを差し引くことで、事業継続のために必要な運転資金（一時的に立て替えないといけないお金）がわかります。

また、上記のことから、運転資金について、次の2つのことが言えます。

ひとつは、売掛金や買掛金の額や支払い条件によって、必要な運転資金額は変わること。例えば、**売掛金の回収期間がのびて未回収の現金が増えれば、その分多くの運転資金が必要**となり、資金繰りは圧迫されます。

もうひとつは、売上の規模によっても必要な運転資金額は変わること。通常、支払いサイトは一定なので、売上が増えるほど、掛取引の額も大きくなり、在庫も増えます（左図の場合、売上が2倍になると、売掛金が1000万円、買掛金は200万円となり、必要な運転資金も800万円に増える）。つまり**売上が2倍、10倍と増えれば、必要な運転資金も2倍、10倍と自然に増えていく**のです。

従って、売上が増えたからといって資金繰りが楽になるわけではありません。むしろどれだけ売上が増えても、売上に対する運転資金の割合が大きければ、それだけ事業を継続するための資金繰りが難しい（つまり安全性が低い）と分析できるのです。

3つの回転期間を求めれば 運転資金が必要な期間がわかる

会社の運転資金の条件（必要な金額や期間）がどのように変化しているのかを知るのに、有効な方法がひとつあります。それが「キャッシュ・コンバージョン・サイクル（CCC＝Cash Conversion Cycle）」です。

CCCは、日本語では「現金循環化日数」と呼ばれます。要は、事業活動を行ううえで支払った現金が、在庫や売掛金などに形を変えて、再び現金として戻ってくるまでに要する日数を表したものです。CCCが長くなるほど、事業を継続させるためにより多くの運転資金が必要となります。

CCCは、「売上債権（売掛金）」「棚卸資産（在庫）」「仕入債務（買掛金）」の3つの"回転期間"（現金や売上になるまでにかかる期間）を求めることで算出できます。ひとつずつみていきましょう。

①売上債権回転期間

売上債権（売掛金）を回収（ツケで売った商品などが現金化）するまでの期間のこと。売上高に占める売上債権（売掛金）の割合に、年間日数（365）を掛けることで求められます。

②棚卸資産回転期間

在庫などの棚卸資産が売上に変わるまでの期間のこと。売上原価（→P27）に占める棚卸資産（→P36）の割合に、年間日数（365）を掛けることで求められます。

③仕入債務回転期間

掛取引で仕入れた原材料や商品の代金（買掛金）を支払うまでの期間のこと。売上原価に占める仕入債務（買掛金）の割合に、年間日数（365）を掛けることで求められます。

そして最後に、「①＋②－③」を行えば、CCC（運転資金が必要となる期間）が求められます。

CCCの算出方法

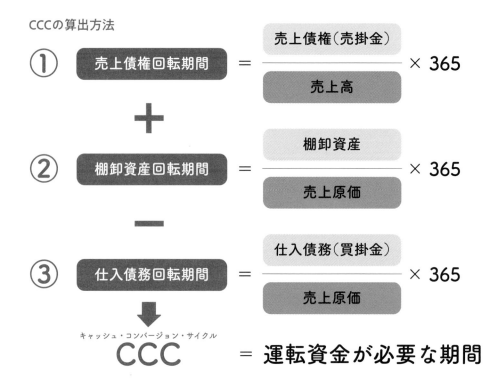

資金繰り悪化の要因を
回転期間の長短から探る

ＣＣＣの計算式をみて気づくのは、**3つの回転期間のうち、いずれかの日数が変われば、必要な運転資金も増減する**ということです。

会社の資金繰りが悪化するのは、売上債権（売掛金）や棚卸資産の回転期間が長期化したときや、仕入債務（買掛金）の回転期間が短期化したときです。

では、それぞれが長期化・短期化する原因には、どんなものがあるのでしょうか。

例えば、①売上債権回転期間の長期化が起こるのは、**売上を無理に増やそうとして、顧客の支払い条件を緩めている**（代金回収までの期間を長くしている）場合が考えられます。

また、②棚卸資産回転期間が長期化している場合は、**売上が計画を下回って売れ残りの在庫が増えてしまったとき**、または翌年の売上が大幅に増加することを見込んで、あらかじめ大量の原材料や商品を仕入れたときなどが考えられます。

最後に、③仕入債務回転期間が短期化するのは、**商品や材料を安く仕入れる交換条件として、代金をより短期間で支払う約束をしたとき**などが考えられます。また、何らかの要因によって仕入先に対する交渉力が低下し、支払条件を厳しくされてしまったケースなども考えられるでしょう。こうなるとキャッシュの流出が先行するため、利益は出ている

のに営業ＣＦはマイナスという状況が常態化する危険もあります。

このように3つの回転期間が変動することで、必要な運転資金も増えたり減ったりします。逆に言えば、資金繰りが悪化しているときは、**3つの回転期間のうちのいずれかが長期化（短期化）していないか調べることで、具体的な原因を分析できる**のです。

どれくらい運転資金が
あれば安心できる？

では、運転資金（事業継続に必要なお金）に対して、どれくらいの現金をもっておけば安心なのでしょうか。その目安を測る便利な指標が「**手元流動性比率**」です。これは「**会社が月商の何か月分の現金を手元にもっているか**」を表したもので、貸借対照表の「現預金＋短期有価証券」を損益計算書の「**月商（売上高÷12）**」で割ることで算出できます。

例えば、手元流動性比率が「3」なら、「月商の3か月分に相当する現金が手元にある」ことになります。これは裏返せば、仮に売上がゼロの月が続いても、3か月間は事業を継続できる余裕があるということ。業種によって異なりますが、**月商の2か月分以上の現金をもっていれば、ひとまず安全**と判断できます。

ただし1か月未満しかない場合でも、取引銀行から素早く運転資金の融資が受けられれば問題ありません。

超速！まとめ

①運転資金とは、「入金と支払いのタイムラグを埋め合わせる資金」

②売上の増加にともなって、必要な運転資金も増える

③月商の2か月分以上の現金が手元にあれば、ひとまず安心

グローバル企業が続々採用！
IFRS（国際財務報告基準）の
しくみを知ろう［前編］

多くの国内企業の決算短信をみると、冒頭に「日本基準」と記載されています。このように会計制度は国ごとに基準が異なるため、自国と海外の決算書を比較するのは困難でした。

しかし2001年に発足した国際会計基準審議会が、「世界共通の会計ルール」であるIFRS[1]を制定。現在、150以上の国や地域で採用され、日本でもトヨタ自動車やソフトバンクグループなどのグローバル企業を中心に、IFRSに基づく決算書の作成が広がっています。

IFRSの決算書も基本的な読み方は変わりません。ただ、日本基準とは「損益計算書」と「貸借対照表」の項目に変更点があります。損益計算書の場合、主に以下の4点です。

①**外注費や税は売上に含めない**→取引先に請求した金額のうち、下請け会社への外注費や各種税金（酒税・たばこ税）など、「自社に入らないお金」は売上に計上できません。

②**「事業活動」**と**「財務活動」**の損益を分ける→日本基準の「営業外収益（費用）」には、事業活動で生じた損益（例：雑収入）と、財務活動で生じた損益（例：受取配当金、為替差益）が混ざっています。一方、IFRSでは、営業利益がより事業の実態を反映したものになるように、事業活動による損益は**「その他の営業収益・費用」**に、財務活動による損益は**「金融収益・費用」**に計上します。

③**「経常利益」**がなくなる→営業利益の次は、いきなり税引き前利益になります。経常利益から引かれていた「特別損益」は、②の理屈と同じく、事業活動による損益は「その他の営業収益・費用」に、財務活動による損益は「金融収益・費用」に計上されます。

④**「包括利益」**が導入される→当期純利益に、「資産の再評価損益（株や債券などの含み損益や為替による損益など）」を加えた**「包括利益」**が記載されます[2]。（P96に続く）

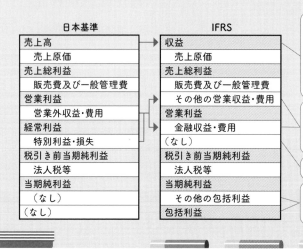

日本基準	IFRS
売上高	収益
売上原価	売上原価
売上総利益	売上総利益
販売費及び一般管理費	販売費及び一般管理費
営業利益	その他の営業収益・費用
営業外収益・費用	営業利益
経常利益	金融収益・費用
特別利益・損失	（なし）
税引き前当期純利益	税引き前当期純利益
法人税等	法人税等
当期純利益	当期純利益
（なし）	その他の包括利益
（なし）	包括利益

売上高は、一般的に「収益」と記載。外注費のほか、酒税・たばこ税・ガソリン税などの各種税金の計上は認められない。日本基準で計算した場合と比べて売上は小さくなるが、一方で「売上原価」にこれらの費用を計上する必要もなくなるため、売上総利益の段階では、両基準の金額差はほぼなくなる

「営業外収益・費用」「特別利益・損失」のうち、事業活動で生じた損益は「その他の営業収益・費用」に、財務活動（株や有価証券など）で生じた損益は「金融収益・費用」に振り分けられる

経常利益は記載されない

当期純利益に「その他の包括利益（株や為替などによる損益）」を加味した「包括利益」が記載される

※1 「International Financial Reporting Standards」の略。国際会計基準とも
※2 2010年より日本会計基準でも包括利益を導入することが定められた

第5章

会社の
「成長性」は
ココをみる

会社の成長が、ホンモノか どうか見抜くには?

ズバリ
要点!
「成長率」と
「成長要因」をセットでみる

会社の成長を判断するポイント

①「身体能力」はあがったか?

②体は大きくなっているか?

会社が成長する要因は2つある

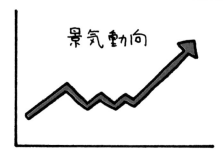

①「外部要因」による成長!

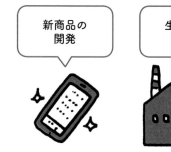

新商品の
開発

生産設備
拡大

②「内部要因」による成長!

まずは
コレだけ!

会社の「どんな部分」が「どんな理由」で成長したか
会社の成長性を分析するには、「身体能力」（売上・利益）と「体の大きさ」（資産）が、どれだけ大きくなったかに注目する。同時に、その会社が成長できた理由が、「外部」にあるのか、「内部」にあるのか、にも目を向ける。

「身体能力」と「体の大きさ」で会社の成長性を判断できる

ここまで収益性、安全性についてみてきました。3つの視点の最後は「成長性」です。

そもそも何をもって、私たちは「会社が成長している」と判断できるのでしょうか。

そのポイントは、大きく2つあります。

ひとつは「身体能力が上がっているか」。例えば、50mプールを泳ぐのにこれまでは40秒かかっていたのが、30秒で泳げるようになったら「成長したな」と感じますよね。同様に、昔と比べて売上（運動量）や利益（成果）があがっている会社は成長しているといえます。

もうひとつは「体が大きくなっているか」。子どもから大人になるにつれて身長が伸びるように、会社も設備などの資産（体つき）が年々増えているかをチェックすることで、どのくらいの速度で成長しているかが確認できます。

そして、この「身体能力」と「体の大きさ」の2つが比例して成長していくことが理想です。身体能力（売上）が伸びても体（資産）が大きくならなければ、やがて記録（利益）は頭打ちになるでしょう。また逆に、体ばかり大きくなって身体能力が伸びなければ、収益性は下がってしまいます（→P59）。

成長している企業を見抜くには、人間と同様に身体能力と体の大きさの両方が、バランスよく成長しているかが大事なのです。

数値の伸びだけではなく、成長した"背景"にも目を向ける

成長性の分析では、売上や利益が「どれだけ成長したか」だけでなく「なぜ成長できたのか」、その要因を探ることも大切です。

会社の成長要因（成長ドライバー）には、大きく「外部要因」と「内部要因」の2つがあります。成長した理由が、会社の"外"にあるか、"内"にあるかの違いです。

外部要因の代表的な例は、国の経済政策や景気動向などです。それ以外には、業界特有の需給サイクル（例：4年周期で買い替えられる家電製品など）や特需景気（例：コロナ禍のテレワーク急増でPCの売上が伸びる）なども外部要因といえるでしょう。

一方、内部要因は、会社の経営努力の賜物。例えば、新製品投入や、新事業の展開などによる売上の増加が考えられます。

このように会社の成長要因にまで目を向けるべきなのは、「数値の大きさ」に惑わされないためです。例えば、「A社の売上は前年比20％増」という数値だけみれば、大きく成長しているように思えますが、「業界平均が前年比30％増」だったらどうでしょう。A社はむしろ「低成長な会社」といえますよね。

子どもの身長も同学年で比較するのと同じように、会社の成長もまずは同じ業種で比較してみましょう。

超速！ まとめ

①「身体能力」と「体の大きさ」が、ともに大きくなっているか確認
②成長の理由が、「外部」にあるのか「内部」にあるのかをチェック
③伸び率と成長要因をセットで考えると成長の実態がつかめる

分析（成長性）
02　会社の「成長性」は、どうやってわかる？①

成長性の分析①
売上と利益の成長度合いに注目！

ズバリ
要点！　「売上高増加率」で
身体能力の伸びをみる

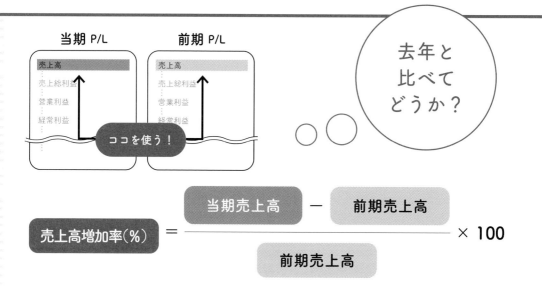

当期 P/L　　　前期 P/L

売上高　　　　　　売上高
売上総利益　　　　売上総利益
営業利益　　　　　営業利益
経常利益　　　　　経常利益

ココを使う！

去年と
比べて
どうか？

$$\text{売上高増加率（\%）} = \frac{\text{当期売上高} - \text{前期売上高}}{\text{前期売上高}} \times 100$$

過去数年間と比較し…　　さらに…　　他社と比較してみる

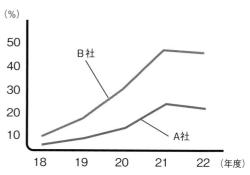

（%）
25　　　　　前期　　　当期
20
15
10
5
　18　19　20　21　22（年度）

（%）
50
40　　B社
30
20
10　　　　　　　　　　A社
　18　19　20　21　22（年度）

前期と比較すると下降しているようにみえても、長期的
な視点では上昇傾向にあることがわかる

A社だけみると急成長しているようにみえても、B社と
比較すると低成長だとわかる

まずは
コレだけ！

時系列分析と他社比較分析を組み合わせる

過去数年間の「売上の伸び率」を時系列分析することで、会社の業績の"トレンド"がわかる。さら
に他社と比較すれば、より客観的な成長の度合いがわかる。

売上の増減から「成長性」をチェック

では、決算書から会社の成長性を測る具体的な方法をみていきましょう。

まず調べたいのは「会社の身体能力があがっているかどうか」です。そのためには、損益計算書をみて運動量（売上）と成果（利益）が伸びているかを確認します。

運動量が増えているかどうかは、「売上高増加率」を出すことで判断できます（→左ページ）。これは「前期に比べて売上がどれだけ増加したか」を表す指標で、例えば前期の売上が1億円で、当期の売上が1億1000万円だとすれば、売上高増加率は10%になります。

売上高増加率をみるときのポイントは、前期の売上と比較するだけでなく、過去3～5年くらいの数値もみて、"時系列で"変化をとらえることです。例えば、前年比ではマイナスだったとしても、それは一時的な停滞に過ぎず、複数年のスパンでみれば業績は上り調子にあるかもしれません。逆に、たとえ前年比プラス30%でも、かつてのオリンピックの建設ラッシュのように、一時的な外部要因で増えただけかもしれないのです。

このように売上高増加率をみるときは、過去3～5年の数値をグラフ化し、上昇しているのか、あるいは下降しているのかの"トレンド（傾向）"を読み取ることが大切です。また、あわせて他社比較分析も重要になります。例えば、過去5年間で売上が20%伸びていても、他の会社は30%と、それ以上に伸びているかもしれません。このような場合、業界でのシェアを落としていることになるので、会社は十分に成長していないといえます。

売上と一緒に「利益率」も伸びているか

一方、会社の運動量（売上）が増えていても、成果（利益）があがっていなければ、順調に成長しているとはいえません。

そこで売上高増加率にともなって、売上総利益率（→P54）も上昇しているかを調べましょう。これが悪化している場合は、売上よりも費用の増加するペースが上回って、儲ける効率（収益性）が下がっていると判断できます。

売上総利益率が低下する原因としては、原材料費の高騰（外部要因）や、競争激化による単価低下（外部・内部の複合要因）などが考えられます。利益率が数年にわたり低下している場合、会社の価値をつくり出す力が弱まっているおそれがあるため、注意が必要です。

また、会社の儲ける力を表す営業利益率（→P55）が下がっていないかも確認しましょう。これが低下しているなら、売上総利益率が低下しているか、販管費比率が上昇しているはずです。販管費比率があがっている場合は、販売効率が悪化している、つまりムダな動きが増えていることを意味します。

超速！まとめ

① 「売上高増加率」で会社の身体能力の成長度がわかる

② 増加率は、「時系列分析」と「他社比較分析」で判断する

③ 売上が増えていても、「利益率」が下がっていないかチェック

分析（成長性）**03** 会社の「成長性」は、どうやってわかる？②

成長性の分析②

資産の成長度合いに注目！

ズバリ要点！ 会社は「資本→資産→売上→利益→資本…」のサイクルで大きくなる

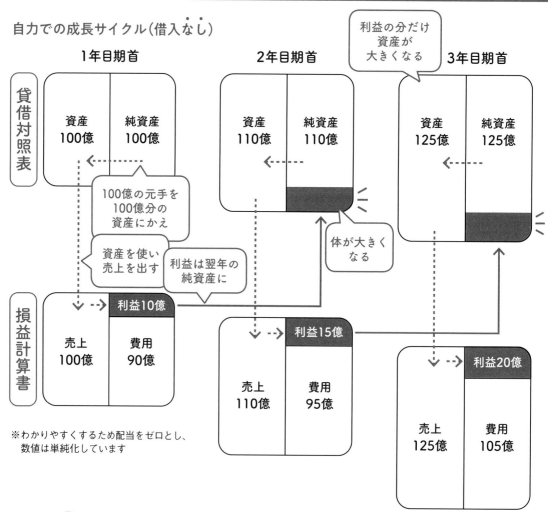

自力での成長サイクル（借入なし）

貸借対照表

1年目期首
| 資産 100億 | 純資産 100億 |

利益の分だけ資産が大きくなる

2年目期首
| 資産 110億 | 純資産 110億 |

3年目期首
| 資産 125億 | 純資産 125億 |

100億の元手を100億分の資産にかえ

資産を使い売上を出す

利益は翌年の純資産に

体が大きくなる

損益計算書

利益10億
| 売上 100億 | 費用 90億 |

利益15億
| 売上 110億 | 費用 95億 |

利益20億
| 売上 125億 | 費用 105億 |

※わかりやすくするため配当をゼロとし、数値は単純化しています

まずはコレだけ！ **資産にともなって売上と利益が増加しているか**
会社は「資本→資産→売上→利益→資本…」のサイクルを経ることで、毎年年輪が増えるように少しずつ大きくなっていく。このとき資産が増えるのに応じて、売上や利益も増えていれば、健全に成長していると判断できる。

会社の体が成長する方法は大きく2つに分けられる

次に、「会社の体が大きくなっているか」を決算書から調べてみましょう。ここでは損益計算書と貸借対照表を使います。

会社の体が大きくなるとは、すなわち「会社の資産が増える」ことを意味しました。その方法には、大きく2つのパターンがあります。

1つは、売上や利益を拡大していくことで自力で成長する方法、もう1つは他社を買収・合併することで一気に成長する方法です。また、自力で成長する場合も、借入金の「ある・なし」で成長のスピードが変わってきます。

ここからはそれぞれの成長の仕組みをくわしくみていきましょう。

会社が成長するパターン①-1
自力による成長（借入なし）

はじめに、借入金なしで自力で成長するパターンをみていきます。

左ページの図は、会社が自力で成長していくサイクルを視覚的に表したものです。

私たちが毎日運動や筋力トレーニングを積み重ねることで少しずつ体を大きくできるように、会社も自力でいきなり10倍、20倍と成長できるわけではありません。

多くの会社は、開業時に集めた資本を元手に、原材料や設備機器などの資産を揃え、それを活用して商品を作り出し、売上と利益をあげていきます。そして最終的な利益を、翌年度の純資産（資本）に加え、さらに設備やシステムを充実させて資産を大きくします。そうして少しずつ資産を拡大していくこと

で、売上や利益を伸ばしていくのです。

このように会社は、「資本→資産→売上→利益→資本…」のサイクルを繰り返して、年輪を刻むように成長していきます。

このとき注意してみたいのが、「資産の拡大にともなって売上や利益が増えているか」ということ。86ページで説明したように、理想的な成長とは、「身体能力」と「体の大きさ」が比例して大きくなっていくことです。

つまり、資産の増加率と同じか、それ以上の割合で売上や利益が増えていなければ、たとえ絶対額が大きくなっていても順調に成長しているとはいい難いのです。

ROAで、会社が健全に成長しているか確かめる

会社が順調に成長しているかを確かめるには、収益性分析で使った「総資産利益率（ROA）」が役立ちます（→P58）。ROAは、「資産→売上→利益」のサイクルの効率性を表し、「資産に対してどれだけの利益を得られたか」を判断する指標でした。

従って、時系列分析を行い、ROAの数値が変わらなければ、資産の増加と同じペースで利益も増加しているといえます。そのような会社は、収益性を犠牲にすることなく成長できていると判断してよいでしょう。

一方で、ROAの数値が下がっている場合は、資産の増加に利益の増加が追いついておらず、会社の収益性が低下している証拠です。そんなときは、会社のどの部分に原因があるのか調べてみる必要があります。

次のページでは、そのための方法をみていきましょう。

ROAを2つに分解して低下の原因を探る

ROAについて、もう一度おさらいをしてみましょう。ROAは、「総資産回転率」と「売上高利益率」の2つに分解できるのでした（→P60）。これを式にすると、次のとおりとなります。

$$\boxed{ROA} = \boxed{総資産回転率（売上÷資産）} \times \boxed{売上高利益率（利益÷売上）}$$

従って、ROAが低下している場合は、このうちのいずれかの数値が悪化しているはずです。

①「総資産回転率」が悪化している

総資産回転率は、「資産からどれだけ売上を生み出せているか」をみる指標でした。この数値が低下している場合、資産の成長に見合った売上の増加ができていないといえます。

具体的な原因としては、例えば、設備投資を行ったにもかかわらず、稼働率があがらず売上の増加に結びついていないといったケースが考えられます。

また、売上を生み出さない「現金」や「有価証券」といった脂肪（流動資産）ばかりが増えていれば、体（資産）は大きくなっても運動量（売上）は増えていきません。

②「売上高利益率」が悪化している

一方、売上高利益率は、「売上に対する利益の割合」を表しました。これが低下した場合は、ムダな動きが増えた、つまり効率的な経営ができていないということです。

その原因はさまざまですが、例えば、商品競争力の低下により価格が下がったケースや、販売効率が落ちた（売上に対する人件費が増えた、商品が売れず広告宣伝費を増やした）ケースが考えられます。

このように、ROAに低下がみられたときは、まず総資産回転率と売上高利益率のどちらに原因があるかを見極め、さらにその悪化の原因がどこにあるのかを、決算書の項目を細かくみていくことで、明らかにします。

+α キリコミ！ 成長性と一緒に資金繰りをチェック！

資産に比例して売上や利益が伸びているかを確認するのと同じように、「資産がどのような要素によって構成されているか」を確認することも大切。人間でも、筋肉によって体が大きくなったのと、贅肉によって太ったのとでは大違いだろう。

会社にとっての脂肪とは流動資産、なかでも「売上債権」と「棚卸資産」は"悪玉コレステロール"といえる。なぜならこれらが増えることで、会社の資金繰りが悪化するおそれがあるからだ。

例えば、無理に成長させようと売掛金や在庫を増やした場合、運転資金のサイト（決済期限）が長期化してしまう。すると、営業キャッシュ・フローではその分の現金がマイナスになってしまうのだ（→P83）。

このように会社の成長性と安全性には、相反する（一方があがると、一方が下がる）側面があることを理解しておくのが大切である。

急成長している会社は、貸借対照表とキャッシュ・フロー計算書で、増加した資産の内訳と資金繰りの流れに異常がないか確認してみよう。

会社が成長するパターン①-2
自力による成長（借入あり）

ここまでは、100%自己資本のみで成長するパターンをみてきました。次に、同じ自力による成長でも、借入金を活用して成長するパターンをみていきましょう。

借入金、つまり負債は、上手に使うことで「レバレッジ（てこ）」が働きます（→P64）。

事業で生み出した利益だけでは、その範囲でしか資産を増やせませんが、**負債（他人資本）の力を借りることで、より速く、事業規模を拡大できる**のです（→下図）。

会社は人とは違い、自分の意思で成長のスピードを速めることができます。負債はそのための便利な道具（まさにロボットスーツ）ともいえるのです。

自力での成長サイクル（借入あり）

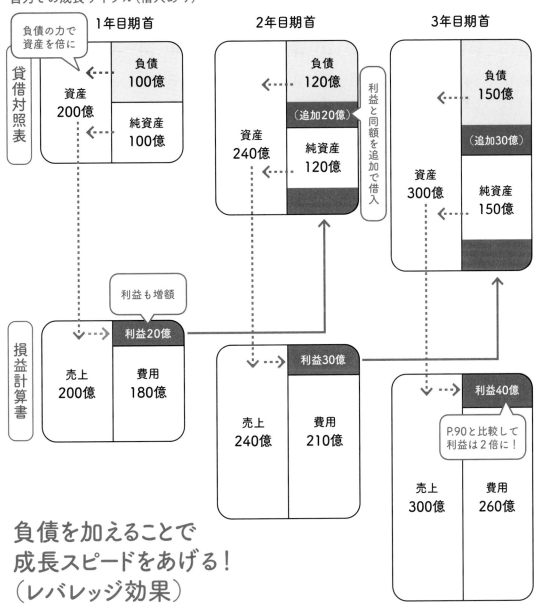

負債を加えることで
成長スピードをあげる！
（レバレッジ効果）

負債の増加は
純資産とのバランスが大切

　前ページの図は、会社が負債を活用して成長していくサイクルを視覚的に表したものです。自己資本のみで成長していくパターン（→P90）と比べると、「資産」「売上」「利益」が加速度的に増加していることがわかると思います。

　ここで注目してほしいのは、「純資産」が増えた分だけ「負債」も増えていることです。

　例えば、1年目で得た20億円の利益を加えて、2年目の純資産は120億円に増えていますが、同じように負債も2年目に20億円増えて120億円になっています。3年目も、純資産、負債ともに30億円増えて150億円になっていますよね。

　じつはこのような増え方をしているのに

は、「自己資本比率を50%にキープすることで安全性を維持する」という大きな理由があります。つまり**純資産の増加と同じ分だけ借入（負債）を増やしていくことで、財務的に安全性を保ちながら成長を加速できる**のです。

　負債を活用すれば会社の成長スピードは速まりますが、必要以上の負債は身を滅ぼすリスク因子となります。人に例えるなら、細い骨格の上に無理をして重たいロボットスーツを着た結果、スーツの重みに負けて体が押し潰されてしまうようなものです。

　必要以上にお金を借りすぎないためには、自己資本の増加と同じ割合で負債を増やせばよく、これが会社にとって安全に成長できる速度であるといえるのです。なお、これを「**持続可能成長率**」と呼びます。

KEYWORD

「有機的成長」と「無機的成長」

　ここまで自力による成長（既存事業の拡大による成長）をみてきたが、会計の専門用語でこれを「有機的成長」という。"有機的"という言葉のとおり、植物が光合成によって自らつくり出した栄養分によって、少しずつ成長していくイメージだ。

　それに対し、他社を買収・合併するなど、新しい事業を獲得することで成長することを「無機的成長」という（→次ページ）。

　日本の会社の場合は、有機的成長、つまり事業によって得た利益や負債を活用して成長していくことがほとんどである。その成長曲線をグラフにすると、概ね右のような形になる。

　有機的成長は、順番に「シードステージ」「アーリーステージ」「ミドルステージ」「レイターステージ」の4つのステージに分けられる。簡単にいうと、シードステージは起業準備の段階、アーリーステージは起業直後から事業を軌道に乗せる段階、ミドルステージは事業の収益化が加速し発展していく段階、レイターステージは事業が成熟し成長が横ばい（もしくは下降）になる時期だ。

[成長曲線のモデル]

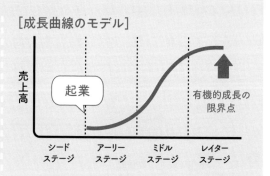

売上高

起業

有機的成長の限界点

シードステージ　アーリーステージ　ミドルステージ　レイターステージ

　レイターステージに突入した会社で、本業での成長がこれ以上見込めない場合は、事業を再編する必要に迫られる。いわば有機的成長の限界である。その対処法としては、不採算事業を切り離すほか、成長期にため込んだ内部留保を活用して、他企業を買収するといった方法も考えられる。これが無機的成長である。

　無機的成長は、企業を急成長させる手段であるとともに、停滞した会社を再び成長路線に戻す「てこ入れ」としての手段でもあるのだ。

会社が成長するパターン②
他社の買収・合併による成長

最後のパターンは、他社を買収・合併することで成長する方法（無機的成長）です。

これは「M&A（Merger and Acquisition）」とも呼ばれ、会社はM&Aを通じて別の会社を取り込んだり、合体したりすることで、一気に資産規模（体の大きさ）を倍にすることもできます。

M&Aと聞くと、"会社を乗っ取る"というイメージをもっている方もいるかもしれません。しかし必ずしもそればかりではなく、むしろお互いの弱点を補って競争力を強化するために合併するケースのほうが、数としては多いのです。

M&Aの利点は、ただ一足飛びに資産を拡大できるというだけではありません。

例えば、ソフトバンクグループは、ご存じのとおり国内外でM&Aを繰り返すことで、黎明期の事業であったソフトウェアの流通から、IT、通信分野へと進出し、大きく成長することに成功しました。

このように、M&Aを行うことで、自前では開発に何年もかかる技術や、獲得が難しい新規顧客を一気に手に入れることができます。言い換えれば、M&Aとは、「お金で時間を買う」戦略でもあるのです。

M&Aを積極活用している業界としては、製薬業界やIT業界が挙げられます。製薬会社は合併によって研究開発費の規模を拡大し、新薬の開発ペースを加速、またIT業界は大手がベンチャー起業を買収することで、ニッチな技術力を短期間で手に入れています。

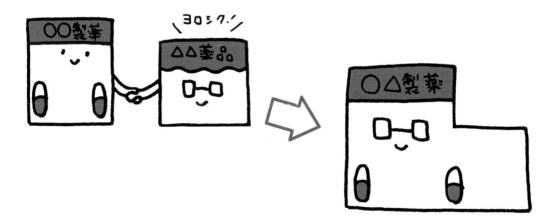

超速！ まとめ

①会社は「自力で成長」する方法と「M&Aで成長」する方法がある

②自力成長の場合、ROAの低下と負債・純資産のバランスに注意

③M&Aは、自力では不可能な成長を、短期間で可能にする

グローバル企業が続々採用！
IFRS（国際財務報告基準）の
しくみを知ろう［後編］

P84の損益計算書に続いて、貸借対照表の違いをみていきましょう。

まず、単純に呼び方が変わります。貸借対照表は「**財政状態計算書**」※と呼ぶほか、固定資産は「**非流動資産**」、固定負債は「**非流動負債**」に変わります。いずれも内容に変化はないので、呼び方が違うとだけ知っておけばOKです。

日本基準とIFRSで、最も違いが表れるのが「**のれん（goodwill）**」の償却方法です。

のれんは、一般的には会社の技術力やブランド力といった「目にみえない資産価値」を意味します。企業会計的にもう少し厳密にいうと、のれんは企業買収の際に発生する「被買収企業の純資産と買収価額との差額」を指します。例えばA社が、純資産100億円のB社を120億円で買収したとき、120億円から100億円を差し引いた「20億円」が、のれん（目にみえない資産）となり、無形固定資産として貸借対照表に計上されます。

ただし、のれんは、未来永劫に資産価値が変わらないわけではありません。

日本基準では、のれんは計上後、20年以内に規則的に償却することになっています。先ほどの例でいえば、1年目は20億円ですが、2年目は19億円、3年目は18億円と、1億円ずつ無形固定資産に計上する金額を減じていきます。また、償却されたのれんの金額（1億円）は、損益計算書の特別損失に計上され、収益からも引かれます。

ところがIFRSでは、「のれんは有形固定資産のように経年劣化はしない」との考えから規則的な償却は行いません。毎期「減損テスト」を実施し、将来見込まれる利益が、のれんの金額を大きく下回ると判断された場合のみ、減損処理を行います。そのため業績が急降下すれば一度に数百億単位の減損が発生し、営業利益が著しく毀損されることもあります。

「のれん」の取得と算出

子会社B社の買収価額

のれん 20億円
子会社B社の純資産100億円

企業買収を行った際、「買収価額」と被買収企業の「純資産」の差額が「のれん」となる。

「のれん」の計上方法

資産	負債
流動資産	
固定（非流動）資産	純資産
のれん 20億円	

のれんは、貸借対照表（財政状態計算書）の「資産の部」の「固定（非流動）資産」のうち、「無形固定資産」の一つとして計上される。

日本基準の償却方法

資産として計上されたのれんは、20年以内の期間で、規則的に償却される（経年により価値が減じられる）。

IFRS基準の償却方法

資産として計上されたのれんは、規則的な償却は行わない。減損テストにより、子会社B社から将来得られる利益が、のれんの金額を大きく下回ると判断された場合のみ、減損処理（のれんの減額）を行う。

※ 英語では「Statement of Financial Position（F/P）」と表記する。本書ではB/Sと略記することも

第6章

話題の会社の決算書を読もう

塩ビ製品

S シリコンウエハー

半導体ラッシュ砲

※表・文中における項目名や数値は、原則各社の発表資料に基づくため、若干計算と合わない場合があります。また、長い正式名称や厳密な数値にこだわるあまり、わかりやすさや本質の理解が妨げられると判断した場合、著者と編集部の判断により、数値は概算したものにしたり、項目名は簡略表記にしたりしている場合があります

決算数字に隠された「ストーリー」を読み解こう！

ズバリ要点！ まずは決算短信のサマリー（概要）をみて気になる「ギモン」を深掘りしていく

ギモン①
なぜ、売上が増えたのに営業利益は前期から減少したのか？

ギモン②
営業利益が減ったのに当期純利益が増加した要因はなにか？

ギモン③
4600億円以上増えた資産の「中身」とは？

ギモン④
ROA（総資産当期純利益率）が低下した一方で、ROE（自己資本当期純利益率）が上昇したのはなぜか？

ギモン⑤
投資CFのマイナスが前期から大幅に増えた要因はどこにある？

ポイントは「なぜ？」「その理由は何？」の視点

2023年3月期　決算短信〔日本基準〕（連結）

2023年5月7日

上 場 会 社 名　朝夕電機株式会社		上場取引所　　　　　　東
コ ー ド 番 号　1111		URL　http://www.cho-seki.co.jp
代 表 者　（役職名）　代表取締役社長		（氏名）佐田　良記
問合せ先責任者　（役職名）　経理部長		（氏名）宮橋　和香　　（TEL）03（1234）5678
定時株主総会開催予定日　2023年6月25日		配当支払開始予定日　2023年6月15日
有価証券報告書提出予定日　2023年6月25日		
決算補足説明資料作成の有無　　：有		
決算説明会開催の有無　　：有（機関投資家・証券アナリスト向け）		

（百万円未満切捨て）

1．2023年3月期の連結業績（2022年4月1日〜2023年3月31日）
（1）連結経営成績

（％表示は対前期増減率）

	売上高		営業利益		経常利益		親会社株主に帰属する当期純利益	
	百万円	％	百万円	％	百万円	％	百万円	％
2023年3月期	1,368,907	7.2	119,539	△11.9	113,765	△16.9	84,189	16.1
2022年3月期	1,277,096	1.3	135,628	0.8	136,937	3.7	72,541	5.6

（注）包括利益　2023年3月期　88,642百万円（11.4％）　2022年3月期　79,564百万円（6.3％）

	1株当たり当期純利益	潜在株式調整後1株当たり当期純利益	自己資本当期純利益率	総資産当期純利益率	売上高営業利益率
	円 銭	円 銭	％	％	％
2023年3月期	599.05	594.82	9.8	3.6	8.7
2022年3月期	516.17	513.29	9.0	3.8	10.6

（参考）持分法投資損益　2023年3月期　2,451百万円　2022年3月期　△378百万円

（2）連結財政状態

	総資産	純資産	自己資本比率	1株当たり純資産
	百万円	百万円	％	円 銭
2023年3月期	2,361,528	869,010	36.5	6,183.54
2022年3月期	1,896,163	812,579	42.6	5,781.99

（参考）自己資本　2023年3月期　862,319百万円　2022年3月期　807,431百万円

（3）連結キャッシュ・フローの状況

	営業活動によるキャッシュ・フロー	投資活動によるキャッシュ・フロー	財務活動によるキャッシュ・フロー	現金及び現金同等物期末残高
	百万円	百万円	百万円	百万円
2023年3月期	253,447	△435,178	222,199	254,301
2022年3月期	231,975	△148,249	△66,428	202,775

2．配当の状況

	年間配当金					配当金総額（合計）	配当性向（連結）	純資産配当率（連結）
	第1四半期末	第2四半期末	第3四半期末	期末	合計			
	円 銭	円 銭	円 銭	円 銭	円 銭	百万円	％	％
2022年3月期	—	90	—	90	180	25,296	34.9	3.1
2023年3月期	—	100	—	110	210	29,513	35.1	3.4
2024年3月期（予想）	—	120	—	120	240		35.0	

3．2024年3月期の連結業績予想（2023年4月1日〜2024年3月31日）

（％表示は対前期増減率）

	売上高		営業利益		経常利益		親会社株主に帰属する当期純利益	
	百万円	％	百万円	％	百万円	％	百万円	％
通期	1,529,000	11.7	148,000	23.8	145,000	27.5	95,000	12.8

朝夕電機株式会社とは……

1970年創業。国内外に14のグループ企業を有する大手電機メーカー。年間売上規模は1兆円強で、業界順位は第11位。一般家庭向けの電化製品の開発・販売のほか、企業向けにIT事業、半導体事業などを行う。業界では比較的新興の企業だが、デザイン性・機能性に優れた家電を販売して成長。ここ数年は家電の売上が頭打ちになりつつあるが、一方で半導体事業に力を注いでいる。

サマリーに目を通せば
財務三表の読みどころがわかる

　ここからは、いよいよ決算書を読み解いていきます。実際の会社の決算分析（→P104）に入る前に、まずはウォームアップとして、「決算分析の流れ」を確認していきましょう。

　情報は鮮度が命です。会社の決算がいち早く公開されるのが「決算短信」（→P13）で、投資家は真っ先に目を通します。皆さんも、**はじめに決算短信の「サマリー（概要）」欄に目を通すことをお勧めします。**

　左の表は、架空の企業である「朝夕電機」のサマリーです。実際の決算短信でも、最初にこのようなサマリーがあり、**その年の経営成績、財政状態、キャッシュ・フローなどの要点が1ページでまとめられています。**

　では、このサマリーから、試しに朝夕電機の業績を分析してみましょう。

　まずは**（1）連結経営成績**の欄をみると、当期は売上高が7.2％アップした一方で、営業利益は11.9％ダウン。そのため営業利益率は、前期から1.9ポイント下がっています。収益性が落ちているように感じられます。

　続いて**（2）連結財政状態**をみると、総資産

サマリーからみた朝夕電機のイメージ

- 営業利益率は低下
  - ↳運動量は上がったが、運動効率は下がった。
- 総資産額は約25％増加
  - ↳体はひと回り大きくなったものの、
- 自己資本比率は低下
  - ↳骨は細くなり安定性が損なわれた。
- 前期の約3倍の資金を投資
  - ↳ハードな筋トレにより貧血気味になったため、
- 2222億円の資金を外部から調達
  - ↳輸血することで血流をカバーしている。

が前期から4654億円（24.5％）も増える一方、自己資本比率は6.1ポイント低下。つまり負債（他人資本）が大きく増えたことがわかります。

　最後は**（3）連結キャッシュ・フローの状況**です。営業CFが前期から微増にとどまったのに対し、投資CFは2.9倍に膨らみ、4352億円もの大幅なマイナスに。資金流出をカバーするために、財務CFで2222億円を外部から調達。輸血が欠かせない状態です。

　さて、ここまでざっと業績のポイントをみた限りでは、運動能力も健康状態も、あまり調子がよくないように感じられます。

　ただし、これだけで判断を下すことはできません。これはまだ朝夕電機の表面をなぞったに過ぎません。さらに詳しくサマリーをみると、概要ではわからない「5つのギモン」が浮かび上がってきます（→左ページ）。

　実はこのギモンこそが、決算書を素早く、的確に読み解くための"道標"となってくれます。**サマリーを読むのは、会社の全体像をとらえると同時に、財務三表それぞれの"読みどころ"を知る作業でもあるのです。**

　では、このギモンを基に、次ページから朝夕電機の損益計算書、貸借対照表、キャッシュ・フロー計算書を分析していきましょう。

一見、不調にみえるが、実際は……？

数値の「増減率」と収益・費用の「内訳」に注目

はじめに損益計算書から分析していきます。

下の表は、損益計算書から主要な項目を抜き出してまとめたものです。「数字がずらりと並んでいて、どこをみればいいのかわからない……」と思われるかもしれません。そんなときは、**数値の「増減率」に注目しましょう。増減率が大きい項目は、その背後に会社の好不調の原因が隠れているものです。**

上からみていくと、まず売上高が前期から7.2％増えたのと同時に、売上総利益も7.9％増加。そのため粗利率は、前期からほぼ変わっていません。つまり商品の競争力や付加価値が落ちたわけではなさそうです（→P26）。

では、**ギモン①**なぜ営業利益は減ったのか。**その答えは、売上総利益と営業利益の「間」にあります。**販管費の増減率をみると、前期から19.6％の大幅アップ。理由を探るため、販管費の内訳を調べると、研究開発費が310億円（45.2％）も増えていることがわかりました。

実は朝夕電機は、ここ数年、家電製品の売上が伸び悩む一方で、半導体事業の売上が2ケタ増加を続けています。そこでより高性能の製品を開発するため、当期は半導体事業に500億円もの研究開発費を投じたのです（こうした詳しい情報は、実際には有価証券報告書や投資家向け説明資料に記載されています）。

では、**ギモン②**営業利益が減少したのに、なぜ当期純利益は伸びたのでしょうか。

再び増減率に目を向けると、特別利益が前期から31倍も増えています。**内訳をみると、前期にはなかった「関係会社株式売却益」が198億円も計上されていることがわかりました。**

朝夕電機は、半導体を強化する一方で、年々コストが膨らみ利益率が低下しているモバイル事業を2022年6月に1200億円で売却。その売却益の一部※が特別利益の項目に計上され、当期純利益を押し上げていたのです。

得意分野（半導体）を伸ばし、苦手分野（モバイル）をなくすのは、体に例えると、より速く走るために肉体改造をしてフォームを改良するようなもの。今はその過渡期なのです。

損益計算書（P/L）より

（百万円）

	22年3月期	23年3月期	増減率
売上高	1,277,096	1,368,907	7.2%
売上総利益	366,154	395,218	7.9%
販売費及び一般管理費	230,526	275,679	19.6%
給料及び手当	21,689	24,867	14.7%
研究開発費	68,412	99,351	45.2%
営業利益	135,628	119,539	−11.9%
営業外収益	4,281	3,973	−7.2%
金融収益	3,875	3,689	−4.8%
営業外費用	2,972	9,747	3.3倍
支払利息	2,351	8,318	3.5倍
経常利益	136,937	113,765	−16.9%
特別利益	919	28,846	31.4倍
関係会社株式売却益	−	19,789	−
特別損失	19,382	18,225	−6.0%
税引前当期純利益	118,474	124,386	5.0%
親会社株主帰属当期純利益	72,541	84,189	16.1%

ギモン①の答え

研究開発費が前期から310億円（45.2％）増加。売上総利益の増加（7.9％）以上に、販管費が膨らんだ（19.6％）ため営業利益が減少。

ギモン②の答え

当期はモバイル事業を売却。売却益の一部である198億円が特別利益として計上されたことで、当期純利益が押し上げられた。

※ 子会社を売却した場合、売却額から子会社の簿価を差し引いた「差額」が、利益（株式売却益）と認識されて損益計算書に計上される。朝夕電機の場合、簿価1000億円のモバイル事業を1200億円で売却したため、差額の200億円（売却手数料除く）が、関係会社株式売却益として計上された

資産の増加を支えているのが負債か純資産かを見極める

続いて、貸借対照表から、朝夕電機の体つきと健康状態を調べてみましょう。

まず目にとまるのが、総資産（資産合計）が前期から4654億円（24.5%）も増えている点。**急激に巨大化**していますが、ギモン③ 体のどんな部分が増大したのでしょうか。

まずは「資産の部」の増減率をみます。当期は流動資産が7.8%増えたのに対し、固定資産はなんと42.2%も増加。**巨大化の主な要因は、脂肪ではなく筋肉だとわかります。**

さらに固定資産の内訳を調べると、有形固定資産が43.1%増、無形固定資産が56.6%増と、どちらも前期の約1.5倍まで増加。決算説明資料によると、半導体の生産量アップのため、22年8月に新たに約1000億円の自社工場を建設したことがわかりました。さらに9月には、半導体事業とのシナジー創出を目的として、米・IT企業を約3000億円で買収。これにより特許やソフトウェアといった無形

資産が1500億円分増えただけでなく、のれんに新たに700億円が計上されました。

これらの資産増加を支える元手を調べるため、続いて貸借対照表の右側をみてみましょう。

増減率をみると、負債合計が37.7%も増えた一方で、純資産合計は6.9%しか増えていません。つまり**増加した筋肉の大部分は、借り物の骨格（負債）で支えられていることがわかります。**

有利子負債（短期＆長期借入金と社債の合計額）は、前期から2500億円増えたのに対し、株主資本は549億円（5分の1程度）しか増えていません。自己資本比率は42.6%から36.5%へと低下し、**骨格が細くなってしまいました。**

さらに資産（体）の成長に、売上と利益（運動能力）の伸びが追いついていないため、資産の有効活用度を表すROA（→P58）は3.8%から3.6%に低下。ギモン④ それにもかかわらず、自己資本の有効活用度を表すROE（→P62）が9.0%から9.8%まで上昇したのは、**負債の依存度、つまりレバレッジ（→P64）が高まったためです。** ROEの上昇が、安全性の低下と裏腹の関係であることに注意しましょう。

貸借対照表（B/S）より

（百万円）

	22年3月期	23年3月期	増減率
資産の部			
流動資産	974,628	1,050,667	7.8%
現金及び預金	202,775	254,301	25.4%
受取手形及び売掛金	278,690	318,909	14.4%
有価証券	153,967	165,076	7.2%
商品及び製品	236,238	244,589	3.5%
固定資産	921,535	1,310,861	42.2%
有形固定資産	413,867	592,412	43.1%
無形固定資産	382,339	598,807	56.6%
のれん	213,796	284,423	33.0%
投資その他の資産	125,329	119,642	−4.5%
資産合計	1,896,163	2,361,528	24.5%

（百万円）

	22年3月期	23年3月期	増減率
負債の部			
流動負債	658,157	878,461	33.5%
短期借入金	218,532	298,677	36.7%
固定負債	425,427	614,057	44.3%
社債	100,721	150,964	49.9%
長期借入金	229,678	349,315	52.1%
負債合計	1,083,584	1,492,518	37.7%
資本（純資産）の部			
株主資本	807,431	862,319	6.8%
利益剰余金	328,679	383,247	16.6%
純資産合計	812,579	869,010	6.9%
負債及び純資産合計	1,896,163	2,361,528	24.5%

ギモン③の答え
工場建設と企業買収によって、有形固定資産と無形固定資産（のれん）が大幅に増加した。

ギモン④の答え
借入金の増加により負債比率が大きく上昇したことで、レバレッジがかかりROEが高まった。

フリーCFが黒字か赤字かで財務CFの動きも変わってくる

最後に、キャッシュ・フロー計算書から血流の状態を調べてみましょう。

キャッシュ・フロー計算書の役割は、損益計算書ではわからない「実際の現金の出入り」を調べることでした（→P43）。当期の営業CFは、税引前利益と減価償却費が増加したことで、前期から215億円（9.3%）増加。しかし、その生み出した現金を遥かに上回る投資を行ったことで、投資CFが大幅にマイナス。巨額の資金が流出しています。

ギモン⑤一体、何に使ったのでしょうか。

投資CFの内訳をみると、有形固定資産の取得に1905億円、事業の取得に3016億円が投じられています。ここで思い出してほしいのが、貸借対照表の資産の変化です（→前ページ）。朝夕電機は当期、半導体の自社工場を約1000億円で建設、さらにIT企業を約3000億円で買収しました。これらの費用が、投資CFでの巨額資金流出の主因となっていたのです。

事業で生んだお金（営業CF）を大幅に上回る投資を行ったため、自由に使えるお金を表すフリーCF（→P78）は1817億円のマイナスに。このままでは、これまでに積み上げたお金（現金残高）を棄損することになります。

そこで財務CFをみると当期は2222億の資金を外部から調達。今後の投資に備え、現金を確保したようです。

内訳を調べると、短期借入金で805億円、社債発行で500億円、長期借入金で1195億円、合計2500億円を借り増しました。資金不足以上に借入を行った結果、手元現金は515億円増加しました。

色々な角度から借金を分析して安全性の高低を判断する

ここまで駆け足で財務三表を分析してきました。**最後に、これほど多額の借金をして大丈夫なのか、安全性を分析してみましょう。**自己資本比率以外にも、主な安全性指標を計算して、多角的に借金のリスクを測っていきます。

キャッシュ・フロー計算書（C/S）より

（百万円）

	22年3月期	23年3月期	増減率
営業活動によるキャッシュ・フロー	231,975	253,447	9.3%
税引前当期純利益	118,474	124,386	5.0%
減価償却費	101,964	128,741	26.3%
売上債権の増減額	−27,921	−40,219	44.0%
棚卸資産の増減額	−9,859	−10,351	5.0%
投資活動によるキャッシュ・フロー	−148,249	−435,178	2.9倍
有形固定資産の取得による支出	−86,288	−190,523	2.2倍
事業取得による支出	−	−301,599	−
事業売却による収入	−	120,152	−
フリー・キャッシュ・フロー（営業CF+投資CF）	83,726	−181,731	−
財務活動によるキャッシュ・フロー	−66,428	222,189	−
短期借入金の増減額	−42,775	80,528	−
社債の発行による収入	−	50,015	−
長期借入金の増減額	−26,789	119,477	−
現金及び現金同等物の増減額	9,609	51,526	5.4倍
現金及び現金同等物の期末残高	202,775	254,301	25.4%

ギモン⑤の答え

工場建設に約1000億円、企業買収に約3000億円を投資。一方で、モバイル事業の売却益約1200億円が流入。差し引き2800億円の資金が前期投資CFよりも余計に流出したことで、投資CFのマイナスが膨らんだ。

まず、実質的な借金の大きさを表すネットD/Eレシオ（→P72）を計算すると、前期の0.4倍から0.6倍に悪化。また、借金の利払い能力を表すインタレスト・カバレッジ・レシオ（→P76）は、営業利益が減少した一方で、借入金の増加により支払利息が膨らんだことから、59倍から15倍へと大幅ダウンしました。さらに借金完済までの年数を表す債務償還年数（→P76）は、1.5年から2.1年へと長期化しています。

このように借金が膨らんだことで、安全性指標は軒並み悪化しました。とはいえ、どの数値もまだ安全圏内であり、すぐに債務不履行に陥る危険性はないといっていいでしょう。

また、「借金を増やした理由」を考慮することも大切です。朝夕電機の場合、事業存続のためではなく、工場建設や企業買収の資金として用いた、いわば"攻めの借金"。ある程度のリスクをとってでも、成長速度を上げたいという経営戦略の表れとも評価できます。

いかがでしたでしょうか。最初は少し不調な印象のあった朝夕電機ですが、サマリーの「隙間」に隠れたギモンの答えを財務三表から読み取っていくことで、より多面的なとらえ方ができるようになったかと思います。

実際の決算書は、もっと多くの要素が複雑に絡み合っていますが、分析の手法に大きな違いはありません。次ページからは、いま話題の会社の決算書を読み解いていきます。謎解きをする感覚で、決算書の裏側にある「ストーリー」をぜひ楽しんでください。

6 章 話題の会社の決算書を読もう 決算書の読み方

財務三表分析後の朝夕電機のイメージ

一時的に運動効率が落ちたが、肉体とフォームの改善により、今後の成績には期待がもてる。相対的に骨格は細くなったが、今後の運動で補強されていくだろう。高負荷のトレーニングによって、成長をより早めたいという意志の強さが感じられる。

ガンバレ
朝夕電機……！

＋α キリコミ！ 決算書を「投資」の判断材料に活用する

決算書は、株式投資の判断材料にも使える。代表的な指標が「株価収益率（PER）」だ（→P68）。これは株価を「一株当たり利益（EPS）」で割ったもので、株価が「割安」か「割高」かの目安となる。

例えば、朝夕電機の現在の株価が１万円、次期の予想純利益を基に計算したEPSが671円だった場合、「１万円÷671円」でPERは14.9倍になる。それに対し、同業B社のPERが18倍、日経平均が16倍だとすると、朝夕電機の株価は割安にみえる。決算説明資料に記載されている予想の根拠と成長に確信がもてれば、朝夕電機の株は「買い」（これから株価が上がる）という判断も可能だろう。一方で、同業他社や日経平均PERと比べて高い場合は割高にみえるが、これは市場からの期待の高さの表れでもあり、さらに予想を超えて成長を遂げる場合もある。PERは会社の成長力と比較しながら、総合的に判断したい。

超速！ まとめ

①まずは決算短信のサマリーから、分析のポイントを探る
②数値の「増減率」に注目して、大きく変動した項目を察知する
③財務三表の項目の「内訳」から、変動の要因を読み解く

実践 01

エヌビディア の決算書 を読む

一言でいうと

運動効率（利益率）低下も余力は十分。フォーム改良で大ジャンプへ!?

時価総額もうなぎ登りだ！

投資家

AIブーム

過去最高値

K

◎**決算書サマリー**(Form10-K【米国基準】連結より)

（百万ドル）

損益計算書(P/L)	22年1月期	23年1月期
売上収益(Total revenues)	26,914	26,974
営業利益(Income from operations)	10,041	4,224
（売上収益営業利益率）	（37.3%）	（15.7%）
当期純利益(Net income)	9,752	4,368
（総資産当期純利益率＝ROA）	（22.1%）	（10.6%）
（自己資本当期純利益率＝ROE）	（36.6%）	（19.8%）

貸借対照表(B/S)		
資産合計	44,187	41,182
株主資本合計	26,612	22,101
（株主資本比率）	（60.2%）	（53.7%）

キャッシュ・フロー計算書(C/S)		
営業活動によるキャッシュ・フロー	9,108	5,641
投資活動によるキャッシュ・フロー	−9,830	7,375
財務活動によるキャッシュ・フロー	1,865	−11,617
現金及び現金同等物期末残高	1,990	3,389

次期業績予想	24年1月期	当期比増減率
売上収益(Total revenues)	（非開示）	－
営業利益(Income from operations)	（非開示）	－
当期純利益(Net income)	（非開示）	－

決算の5つのギモン

① 売上収益はほぼ横ばい。AIブームの最中に低調？

② 営業利益は58%の大幅減。なぜ収益性が低下した？

③ 総資産は前期比6.8%減。資産構成の特徴は？

④ 株主資本比率は6.5pt低下。債務返済能力は大丈夫？

⑤ 財務CFで約1.6兆円の支出。巨額の資金を何に使った？

※エヌビディアの決算書を読む上での注意事項
エヌビディアの財務諸表は、「百万ドル」単位で記載。ただし本文中の金額は、規模をつかみやすくするため「円」で表記している。金額は「1ドル＝140円」で換算している。

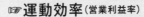

エヌビディアの当期の業績！

☞ **運動量**（売上収益）

UP

前期から
0.2%

☞ **運動効率**（営業利益率）

DOWN

前期から
22 ポイント

☞ **運動成果**（当期純利益）

DOWN

前期から
55%

☞ **体の太さ**（資産合計）

DOWN

前期から
6.8%

☞ **骨の太さ**（株主資本比率）

DOWN

前期から
6.5 ポイント

☞ **血液生産量**（営業CF）

DOWN

前期から
38%

6章 話題の会社の決算書を読もう

実践 **01**

収益性 高付加価値製品で高い利益率。売上の27%を研究開発費に投入

決算書のココをみる！

会社HPの「Financial info」から、各年の年次報告書（アニュアルレポート）を確認。損益計算書の売上と営業利益から営業利益率を計算する。また、売上に対する研究開発費（→P28）の割合も計算してみる。

P/L
- 売上収益
  割る
- 営業利益

P/L
- 売上収益
  割る
- 研究開発費（R&D費）

安全性 株主資本比率低下も50%超え。純有利子負債はマイナス

決算書のココをみる！

年次報告書にある貸借対照表の資産合計と株主資本から、株主資本比率（自己資本比率→P72）を計算。同じく貸借対照表から、純有利子負債（→P72）を計算してみる。

B/S
割る
- 資産合計 ・株主資本

B/S
- 現預金 ・有利子負債
  差し引く

成長性 過去5年の平均成長率※は、売上で23%、AI関連事業で44%

決算書のココをみる！

5〜10年分の年次報告書（アニュアルレポート）を確認して、売上収益から年平均成長率を計算する。同じく、「報告セグメント」から各事業の売上と利益の成長率も計算してみる。

年次報告書

'13
'18
2023
- 売上収益（年平均成長率）
知りたい期間

年次報告書

'13
'18
2023
- 各事業売上
- 各事業利益（年平均成長率）
知りたい期間

※ 計算式は次のとおり。 ＝（当期の売上高÷初年度の売上高）^（1÷経過年数）−1　Excelなどの表計算ソフトで求められる

時価総額1兆ドルを達成！AI産業の寵児・エヌビディア

2022年11月に公開されるや否や、瞬く間に世界中を席巻した生成AI「ChatGPT」。**その頭脳を司るのが、米・エヌビディア社が開発した「GPU」（画像処理装置）です。**

現CEOのジェンスン・フアン氏らによって1993年に設立された同社は、1999年に高速処理により３D映像を滑らかに表現できる世界初のGPU「GeForce 256」を発売。以後、グラフィックスチップ界のトップランナーとして、PCやスマホ、PlayStation 3などのゲーム機のGPUを次々に開発し、着実に成長してきました。

転機が訪れたのは2012年。AIによる画像認識の精度を競う大会で、GPUを使って深層学習（ディープラーニング）したAIが、圧倒的な差をつけ優勝。CPUに比べ、大量のデータを並列処理できるGPUの特性が、AIの性能を飛躍的に高めることが認められました（→下図）。

その後、同社は競合のインテル社やAMD社に先駆けてAI向け半導体を開発。2010年代から本格化したディープラーニングブームの波に乗り、企業のデータセンターや自動運転車、ロボットなどの市場で業績を伸ばします。さらに22年に生成AIブームが起こると、「麻薬よりも入手困難」とイーロン・マスク氏が嘆くほどGPUの需要が急増。これに伴い同社の株価も急騰し、**23年6月には史上8社目となる時価総額1兆ドル超えを達成**（→下グラフ）。**アップル、マイクロソフトなどに次ぐ規模に成長しました。**

同社の強みは、高い技術力と先見性、そしてファブレス経営※による分業モデルにあります。98年には、後に世界最大の半導体受託製造企業となるTSMC（台湾積体電路製造）社と提携。当時、インテルが設計と製造の両面で半導体産業の覇権を握っていた一方で、**エヌビディアは経営資源を設計に集中させることで、より速く、より高性能のAI向け半導体を開発・量産することに成功したのです。**

CPUとGPUの性能の違い

●**CPU（Central Processing Unit／中央演算処理装置）**

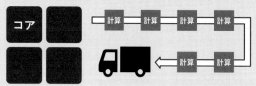

コア数：数個

CPUは、例えるなら配送トラックだ。複雑な処理ができるが、計算が連続的で時間がかかる。

●**GPU（Graphics Processing Unit／画像処理装置）**

コア数：数千個

GPUは、例えるなら宅配バイクだ。CPUに比べ定型的な処理しかできないが、並列（同時複数）的な計算が可能。短時間で膨大な量の入力データを計算処理できるため、AIの深層学習の効率が劇的に高まった。

エヌビディアとインテルの時価総額の推移

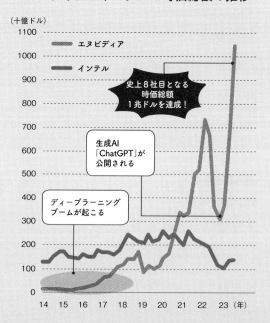

（十億ドル）

史上8社目となる時価総額1兆ドルを達成！

生成AI「ChatGPT」が公開される

ディープラーニングブームが起こる

　※ 自社で工場を所有せず、製造を外部に委託する経営方式

売上は横ばいも利益は約半分に。業績低調にみえる理由とは?

直近の業績はどうでしょうか。当期（23年1月期）の損益計算書をみてみましょう。

まず売上は約3.8兆円で、前期からほぼ横ばい（①）。対して、営業利益は前期比57.9％減の5914億円（②）で、営業利益率は21.6ポイントも低下（③）。最終利益も55.2％減の6115億円（④）と、時価総額とは裏腹に収益性がかなり低下しています。

この原因はいくつか考えられます。ひとつは、商品構成比の変化です。事業セグメント別の業績をみると、**コンピュータ＆ネットワーキング事業が増収増益**（⑤）**なのに対し、グラフィックス事業は減収減益**（⑥）となり、当期で売上と利益の規模が逆転。さらにグラフィックスの利益率が大きく低下しています（⑦）。**つまり高収益のグラフィック**スの売上割合と利益率が下がったことで、全体の収益性も低下したのです。

また、同社のアニュアルレポートから市場別売上高を調べると、**AI向け半導体が主力のデータセンターの売上は前期から41％増えているのに対し、グラフィックスチップが主力のゲーミングは27％減少しています。** AI産業からの半導体需要が急増している一方で、ゲーム市場は前期に起きたコロナ特需の反動で買い控えが起きたと推測できます。

営業利益が減ったもう1つの原因は、営業費用の増加です。内訳をみると、研究開発費が2899億円（前期比39.3％）増加（⑧）、R&D比率も7.6ポイント上昇（⑨）しています。これに加え、当期は特別要因としてアーム社の買収解除費用※が1894億円発生した（⑩）ことで、営業利益が押し下げられました。しかしこれらは戦略的費用の増加と一時的な減益要因であり、ネガティブなものではありません。

損益計算書（P/L）より

（百万ドル）

	19年1月期	20年1月期	21年1月期	22年1月期	23年1月期	
売上収益	11,716	10,918	16,675	26,914	26,974	①
売上総利益	7,171	6,768	10,396	17,475	15,356	
（粗利率）	(61.2％)	(62.0％)	(62.3％)	(64.9％)	(56.9％)	
研究開発費	2,376	2,829	3,924	5,268	7,339	⑧
（売上収益研究開発費比率）	(20.3％)	(25.9％)	(23.5％)	(19.6％)	(27.2％)	⑨
販売費及び一般管理費	991	1,093	1,940	2,166	2,440	
（売上収益販管費比率）	(8.5％)	(10.0％)	(11.6％)	(8.0％)	(9.0％)	
買収解除費用	–	–	–	–	1,353	⑩
営業利益	3,804	2,846	4,532	10,041	4,224	②
（売上収益営業利益率）	(32.5％)	(26.1％)	(27.2％)	(37.3％)	(15.7％)	③
当期純利益	4,141	2,796	4,332	9,752	4,368	④

事業セグメント別の売上収益・営業利益・営業利益率

（百万ドル）

		19年1月期	20年1月期	21年1月期	22年1月期	23年1月期	
コンピュータ＆ネットワーキング	売上収益	3,557	3,279	6,841	11,046	15,068	⑤
	営業利益	1,251	751	2,548	4,598	5,083	
	（営業利益率）	(35.2％)	(22.9％)	(37.2％)	(41.6％)	(33.7％)	
グラフィックス	売上収益	8,159	7,639	9,834	15,868	11,906	⑥
	営業利益	3,417	3,267	4,612	8,492	4,552	
	（営業利益率）	(41.9％)	(42.8％)	(46.9％)	(53.5％)	(38.2％)	⑦

※ 2020年、エヌビディアは、ソフトバンクグループ傘下の半導体メーカーであるアーム社を、最大400億ドルで買収することを発表。一旦は合意に至るが、その後、欧米の独禁規制をクリアできず22年に断念。契約解除となった

需要増に量産体制の構築急ぐ さらなる跳躍に向け雌伏の時

続いて、体つきと血流を調べていきます。

貸借対照表をみると、当期は総資産が4207億円（6.8％）減り約5.8兆円になりました⑪。

主因は流動資産の減少です⑫。前期から現金が1959億円（70.3％）増えた⑬のに対し、有価証券が1.3兆円（48.4％）も減少⑭。一方で、在庫は3576億円（98.0％）増加⑮。棚卸資産回転期間（→P82）も、101日から162日に長期化しています。

これはGPUの急激な需要増に対応して、急遽増産をかけたためです。**次期には売上に変わるため、ジャンプの前に屈んでいるとこ**ろだと言えます。

また固定資産をみると、有形固定資産⑯の割合が総資産の9.2％しかなく、自前の設備を持たないファブレス経営の特徴が出ています。**体にたとえると、筋肉がなく、頭脳（GPUの設計）が巨大化している宇宙人的なイメージです。**その割に、自己資本比率は53.7％と、骨格は太くて丈夫。前期から、短期・長期の借入金は10億円増えました⑰が、有価証券を現金同等物に含めれば純有利子負債はマイナスであり、実質無借金です。

続いて、キャッシュ・フローをみてみましょう。当期は純利益が減少したこと⑱が主因となり、営業CFも前期から38.1％減少し7897億円となりました⑲。一方で、

貸借対照表（B/S）より※

（百万ドル）

資産の部	22年1月期	23年1月期	
流動資産	28,829	23,073	⑫
現金及び現金同等物	1,990	3,389	⑬
有価証券	19,218	9,907	⑭
売掛金	4,650	3,827	
在庫	2,605	5,159	⑮
有形固定資産	2,778	3,807	⑯
のれん	4,349	4,372	
無形資産	2,339	1,676	
その他の資産	3,841	3,820	
資産合計	44,187	41,182	⑪

（百万ドル）

負債の部	22年1月期	23年1月期	
流動負債	4,335	6,563	
買掛金	1,783	1,193	
未払い費用ほか	2,552	4,120	
短期借入金	－	1,250	⑰
長期借入金	10,946	9,703	
その他の長期負債	1,553	1,913	
負債合計	17,575	19,081	
資本（純資産）の部			
株主資本合計	26,612	22,101	
負債及び資本合計	44,187	41,182	

キャッシュ・フロー計算書（C/S）より

（百万ドル）

	20年1月期	21年1月期	22年1月期	23年1月期	
営業活動によるキャッシュ・フロー	4,761	5,822	9,108	5,641	⑲
当期純利益	2,796	4,332	9,752	4,368	⑱
減価償却費及び償却費	381	1,098	1,174	1,544	
投資活動によるキャッシュ・フロー	6,145	−19,675	−9,830	7,375	⑳
有価証券の満期償還による収入	4,744	8,792	15,197	19,425	
有価証券の取得による支出	−1,461	−19,308	−24,787	−11,897	㉑
有形固定資産及び無形資産の取得による支出	−489	−1,128	−976	−1,833	
フリー・キャッシュ・フロー（営業CF＋投資CF）	10,906	−13,853	−722	13,016	㉒
財務活動によるキャッシュ・フロー	−792	3,804	1,865	−11,617	
自己株式の取得による支出	－	－	－	−10,039	㉓
配当金の支払額	−390	−395	−399	−398	㉔
現金及び現金同等物の増減額	10,114	−10,049	1,143	1,399	
現金及び現金同等物の期末残高	10,896	847	1,990	3,389	

　※ エヌビディアの貸借対照表には、固定資産、固定負債の区分がないため、本書もこれにならう

投資CFは、前期が約1.4兆円の支出に対し、当期は約1兆円の現金が流入（⑳）。主因は、有価証券の償還収入が新規購入額を上回り、約1.1兆円が流入したことです（㉑）。先ほどB/Sで、現金が増え有価証券が減ったのはこのためです。

これにより、フリーCFは1.8兆円のプラスに（㉒）。このお金を、財務CFで**自社株買い**（→P127）に約1.4兆円（㉓）、配当金の支払いに557億円（㉔）と、計1.5兆円近く使っています。**財務CFの巨額の支出は、大規模な株主還元策が原因だったのです。**

次期はAI向け半導体の売上好調 半導体業界の主役に躍り出る

最後に、2024年第1Q（23年2〜4月期）の決算から、次期の業績動向を探ってみましょう。

売上は約1兆円で、前年同期から13.2％減（㉕）。**AI向け半導体が1103億円（21.5％）売上を伸ばした（㉖）一方で、ゲーム向け半導体は2638億円（40.8％）減少しました**（㉗）。AI業界からのGPU需要が一段と旺盛になっている様子がうかがえます。

一方で、営業利益は2996億円で14.6％増加（㉘）。こちらも、AI向け半導体は776億円（34.5％）の増益となった（㉙）一方で、ゲーム向け半導体は2002億円（57.8％）の減益（㉚）となりました。ただし当期は、AI向け半導体事業の利益率が4.7ポイント上昇して収益性が向上したことに加え、前年同期に発生した買収解除費用1894億円がないことから、最終的に前年同期の営業利益を381億円上回る結果に。最終利益は2860億円（前年同期比26.3％増）となりました（㉛）。

なお、競合のインテルは3875億円の最終赤字（23年1〜3月期）、AMDは195億円の最終赤字（23年1〜3月期）であり、エヌビディアの一人勝ちの様相を呈しています。

過去5年の第1四半期の業績（P/L）より※

（百万ドル）

	20年1Q	21年1Q	22年1Q	23年1Q	24年1Q	
売上収益	2,220	3,080	5,661	8,288	7,192	㉕
コンピュータ＆ネットワーキング	694	1,174	2,210	3,672	4,460	㉖
グラフィックス	1,526	1,906	3,451	4,616	2,732	㉗
営業利益	358	976	1,956	1,868	2,140	㉘
コンピュータ＆ネットワーキング	95	451	861	1,606	2,160	㉙
グラフィックス	532	836	1,786	2,476	1,046	㉚
純利益	394	917	1,912	1,618	2,043	㉛

投資家はココに注目！

次期は大きな飛躍の年、AI市場拡大とともに成長は続く

同社は、ゲーミングからAIの分野へ事業の軸足を巧みに移してきたことで、成長が再加速すると投資家はみている。実際に、24年第2四半期の売上高は135億ドルで前年同期比2倍へと拡大、特にAI向けGPUを中心としたデータセンター部門は103億ドルで同2.7倍に急増した。粗利率は前年の43.5％から70.1％へ大きく上昇。営業利益は68億ドルと前年同期の実に14倍、前年1年間の営業利益をすでに超えており、売上利益ともに過去最高を記録。第3四半期の売上は160億ドル前後へ拡大しそうだ。株価指標である予想PERは60倍超と、高い成長期待が反映されている。

※ 営業利益に関して、実際のP/Lでは「その他」という項目を含むため、両セグメントの合計額と営業利益の数値は異なる

パナソニックホールディングス の決算書を読む

一言でいうと 運動量（売上）増も効率（収益性）は低下。構造改革でスリム化できるかがカギ

事業がたくさんあって体が重い……

◎決算書サマリー（決算短信【IFRS】連結より）

（百万円）

損益計算書（P/L）	22年3月期	23年3月期
売上高	7,388,791	8,378,942
営業利益	357,526	288,570
（売上高営業利益率）	（4.8％）	（3.4％）
税引前利益	360,395	316,409
（資産合計税引前利益率＝ROA）	（4.8％）	（3.9％）
親会社所有者帰属当期純利益	255,334	265,502
（親会社所有者帰属当期純利益率＝ROE）	（8.9％）	（7.8％）

財政状態計算書（B/S）※		
資産合計	8,023,583	8,059,527
資本合計（純資産）	3,347,171	3,789,958
（親会社所有者帰属持分比率）	（39.4％）	（44.9％）

キャッシュ・フロー計算書（C/S）		
営業活動によるキャッシュ・フロー	252,630	520,742
投資活動によるキャッシュ・フロー	−796,149	−344,033
財務活動によるキャッシュ・フロー	58,910	−607,013
現金及び現金同等物期末残高	1,205,873	819,499

次期業績予想	24年3月期	当期比増減率
売上高	8,500,000	（1.4％）
営業利益	430,000	（49.0％）
親会社所有者帰属当期純利益	350,000	（31.8％）

決算の5つのギモン

① 売上高は9902億円増加。何の事業が原動力に？

② 営業利益、利益率はともに低下。収益性が低迷している要因とは？

③ 最終利益は4.0％増。営業利益は下がったのになぜ？

④ 投資CFは前期の半分以下に。なぜ大きく減った？

⑤ 財務CFは大幅マイナスに！6070億円を何に使ったのか？

パナソニックHDの当期の業績！

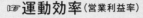

☞ **運動量**（売上高）

UP

前期から **13％**

☞ **運動効率**（営業利益率）

DOWN

前期から **1.4** ポイント

☞ **運動成果**（親会社所有者 帰属当期純利益）

UP

前期から **4％**

☞ **体の太さ**（資産合計）

UP

前期から **0.4％**

☞ **骨の太さ**（自己資本比率）

UP

前期から **5.5** ポイント

☞ **血液生産量**（営業CF）

UP

前期から **2倍**

収益性　営業利益は前期比19％減、元々低水準の利益率はさらに低下

決算書のココをみる！

決算短信から各期の「連結業績」を確認。過去5
～10年分の売上高、営業利益の増減を調べる。
同じく連結業績から、営業利益率、ROA、ROEの
増減も調べてみる。

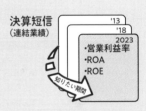

安全性　自己資本比率は45％に上昇し骨太に、債務返済能力も高い

決算書のココをみる！

決算短信から各期の「連結業績」を確認。過去5
～10年分の自己資本比率（親会社所有者帰属持
分比率）の増減を調べる。また、財政状態計算書
からネットD/Eレシオ（→P72）も計算してみる。

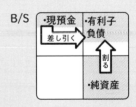

成長性　過去5年間の売上高の年平均成長率※は1.2％、利益はマイナス成長

決算書のココをみる！

決算短信から各期の「連結業績」を確認。5～10年
前の売上高と、当期の売上高を比較して、年平均
成長率を計算する。同じく、連結業績から営業利
益、当期純利益の年平均成長率も計算してみる。

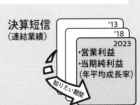

国内を代表する電機メーカー 売上は回復も収益性は低下

"経営の神様"と呼ばれる故・松下幸之助氏が、1918年に創業したパナソニックホールディングス（旧・松下電器産業）。「物心一如（物と心が共に豊かな理想の社会）」の実現を目指し、戦後は総合家電メーカーとして、洗濯機、テレビ、冷蔵庫など、消費者の生活を支えるさまざまな電気製品を世に送り出してきました。

現在同社は、生活家電全般を扱う「くらし事業」のほか、自動車のコックピットシステムなどを扱う「オートモーティブ」、企業向けのデバイスやシステムの開発を行う「コネクト」、センサーやモーターなどを扱う「インダストリー」、さまざまな電池を扱う「エナジー」の5つの部門（セグメント）を設け、これらの開発・製造・販売を行っています。

当期（23年3月期）の**売上高は、主要電機メーカーの中では日立、ソニーに次いで第3位**。一方で、営業利益は5位、時価総額は7位と、日立やソニーと比べると水をあけられている印象です（→下表）。また、直近8年間をみると、2800億円超の最終利益を記録した18年度に比べ、**売上高は回復したものの、営業利益率は低下傾向**（→下グラフ）。当期も3.4％と低水準で、ソニー（10.5％）、日立（6.9％）に大きく見劣りしています。収益性が低調な原因はどこにあるのでしょうか。

では、当期の損益計算書をみてみましょう。

売上高は約8.4兆円（前期比13.4％増）で、過去8年間で最高（①）。一方、営業利益は2886億円（同19.3％減）、営業利益率は3.4％（同1.4ポイント減）と減少しています（②）。

主要電機メーカーの売上高・営業利益・時価総額 [1]

（億円）

	売上高	営業利益	時価総額
日立製作所	108,812	7,481	81,721
ソニーグループ	100,958	12,082	164,455
パナソニックHD	83,789	2,886	41,649
三菱電機	50,037	2,624	43,888
キヤノン	40,314	3,534	48,229
富士通	37,138	3,356	37,457
東芝	33,617	1,105	19,837
日本電気（NEC）	33,130	1,704	18,565
シャープ	25,481	−257	5,535
ニデック	22,428	1,001	50,088

過去8年間の売上高・営業利益・営業利益率の推移 [2]

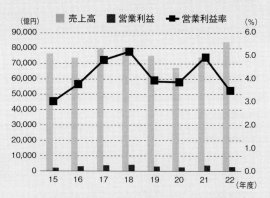

損益計算書（P/L）より

（百万円）

	19年3月期	20年3月期	21年3月期	22年3月期	23年3月期	
売上高	8,002,733	7,490,601	6,698,794	7,388,791	8,378,942	①
売上原価	5,736,234	5,339,557	4,723,943	5,306,580	6,117,494	
（原価率）	（71.7％）	（71.3％）	（70.5％）	（71.8％）	（73.0％）	③
売上総利益	2,266,499	2,151,044	1,974,851	2,082,211	2,261,448	
販売費及び一般管理費	1,939,467	1,864,381	1,667,696	1,724,511	1,947,371	
（売上高研究開発費率）	（6.1％）	（6.3％）	（6.3％）	（5.7％）	（5.6％）	
営業利益	411,498	293,751	258,600	357,526	288,570	②
（売上高営業利益率）	（5.1％）	（3.9％）	（3.9％）	（4.8％）	（3.4％）	
税引前利益	416,456	291,050	260,820	360,395	316,409	
法人所得税費用	113,719	51,012	76,926	94,957	35,853	⑥
親会社所有者帰属当期純利益	284,149	225,707	165,077	255,334	265,502	⑦

※1 売上高と営業利益は22年度決算を基に作成。時価総額は2023年7月28日時点のもの
※2 2014年度以前は米国会計基準のためIFRSのデータなし

屋台骨の家電事業を苦しめる既存販売システムの"二重苦"

　低い収益性の主因は、原価率の高さにあります。毎年70％超えと大きな割合を占めているほか、当期は73％とさらに上昇（③）。これについて同社は、「世界的な原材料や燃料費等の高騰によりコストが増大している」一方で、「苛烈な市場競争で利益を十分確保できる価格設定が困難」と有価証券報告書で説明しています。

　特に同社の屋台骨である家電事業については、各社から頻繁に新製品が出るなど寿命（新製品から型落ちになるまでの期間）が短縮化しています。**そのため原材料が高騰する一方で、短期間で製品価格を下げざるを得ない二重苦の状況にあるのです。**

　続いて、セグメント分析を行うと、当期は５つの事業全てが増収だった（→下左グラフ）一方で、営業利益はオートモーティブとその他を除いて減益となりました（→下右グラフ）。

　売上高では、くらし事業が約3.5兆円（④）と全体の約38％を占めますが、営業利益率はインダストリー、エナジーを下回っており低調です（⑤）。原材料高騰と値下げの影響がここからもみてとれます。また、コネクト、インダストリー、エナジーも、原材料高騰などの影響で減益。一方、オートモーティブは、下期に部材高騰等に対する価格改定が進み増益となりました。**こうしてみると突出して高収益な事業がないことも同社の特徴と言えます。**

　このように本業は増収減益となりましたが、米IRA法により400億円の補助金※（法人税の還付）（⑥）があったことで、最終利益は102億円の増益（前期比4.0％増）となりました（⑦）。

直近３年間のセグメント別売上高の推移
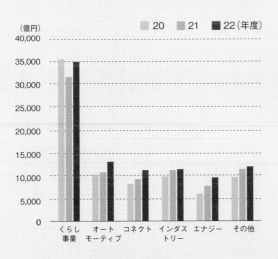

直近３年間のセグメント別営業利益の推移
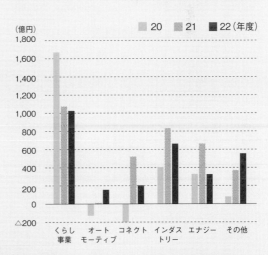

セグメント別の売上高・営業利益・営業利益率（23年３月期）

（億円）

	くらし事業	オートモーティブ	コネクト	インダストリー	エナジー	その他	
売上高	34,833	12,975	11,257	11,499	9,718	11,994	④
営業利益	1,031	162	209	668	332	567	
営業利益率	（3.0％）	（1.3％）	（1.9％）	（5.8％）	（3.4％）	（4.7％）	⑤

※ IRAは、22年に米国で成立したインフレ抑制法のこと。過度なインフレ抑制や気候変動対策促進などを目的としている。パナソニックは米国でEV向け電池を製造している関係で、当期は400億円の補助金を法人税の還付というかたちで受けた

体は巨大化し、筋肉質に 骨格も太く安全性は高い

体つきや骨格はどう変化しているのでしょうか。続いて、バランスシートをみてみましょう。

当期の資産合計は約8.1兆円で、前期から359億円（0.4%）増加（⑧）。**資産の内訳は、流動資産が47%、非流動資産が53%で脂肪と筋肉がほぼ同じ割合です。**

流動資産は、前期から2283億円（5.7%）減少（⑨）。内訳をみると、現金が前期から3864億円（32.0%）減少しています（⑩）。その理由は、キャッシュ・フロー計算書（→次ページ）を調べると明らかになります。

一方で、棚卸資産（在庫）は1561億円（13.8%）増加（⑪）。棚卸資産回転期間（→P82）は、前期78日から当期77日とほぼ横ばいです。ちなみに、日立の棚卸資産回転期間は73日、ソニーは75日なので、77日は同業他社と比べても遜色ありません。

続いて非流動資産をみると、当期はその他の非流動資産が1984億円増加した（⑫）ことが主因となり、合計で前期から2643億円（6.6%）増えました（⑬）。**前期よりやや筋**

肉質になったことがわかります。

骨格の状態はどうでしょうか。負債の部をみると、当期は流動負債（⑭）、非流動負債（⑮）がともに前期から減少。なかでも、短期・長期の借入が計4213億円も大幅に減っています（⑯）。これにより、負債全体では前期から4068億円（8.7%）減となりました（⑰）。

一方、資本（純資産）は、利益剰余金が前期から2015億円（8.4%）増えた（⑱）ことが主因となり、全体で4428億円（13.2%）増加（⑲）。**その結果、自己資本比率は5.5ポイント上昇し、骨格が太くなっています。**ネットD/Eレシオ（→P72）も0.1倍で安全性は高い水準です。

営業CFは前期の2倍に増加 約5000億円の借金を返済

最後に、血流の状態を調べてみましょう。

キャッシュ・フロー計算書をみると、**当期の営業CFは5207億円で、前期から約2倍に増加**（⑳）。内訳をみると、当期純利益が151億円増えた（㉑）ほか、棚卸資産の増加額が抑制されたこと（㉒）[1]、その他の支出

財政状態計算書(B/S)より

（百万円）

資産の部	22年3月期	23年3月期	
流動資産	4,031,197	3,802,885	⑨
現金及び現金同等物	1,205,873	819,499	⑩
営業債権及び契約資産	1,324,618	1,322,593	
棚卸資産	1,132,664	1,288,751	⑪
その他の流動資産	157,409	202,377	
非流動資産	3,992,386	4,256,642	⑬
有形固定資産	1,115,346	1,172,376	
使用権資産	257,706	238,833	
その他の金融資産	213,024	242,672	
その他の非流動資産	2,003,109	2,201,542	⑫
資産合計	8,023,583	8,059,527	⑧

（百万円）

負債の部	22年3月期	23年3月期	
流動負債	3,065,464	2,873,420	⑭
短期負債など[2]	432,897	159,231	
営業債務	1,163,578	1,156,909	⑯
非流動負債	1,610,948	1,396,149	⑮
長期負債	1,197,706	1,050,116	
負債合計	4,676,412	4,269,569	⑰
資本（純資産）の部			
親会社所有者帰属持分	3,164,962	3,618,402	
利益剰余金	2,387,283	2,588,800	⑱
資本合計	3,347,171	3,789,958	⑲
負債及び資本合計	8,023,583	8,059,527	

※1 一見すると棚卸資産が減っているようにみえるが、増減額であることに注意。前期から増加した分だけマイナス計上される
※2 正確には、短期負債及び1年以内返済長期負債

が963億円減ったこと（㉓）が主因であると
わかります。

　**一方、投資CFは3440億円で、支出額は前
期の半分以下に減少**（㉔）。有形固定資産の
取得額は554億円増加しました（㉕）が、そ
の他の項目の支出額が5365億円減（㉖）と
大きく減少しました。営業CFの範囲内での
投資にとどまった結果、**フリーCFは1767億
円のプラス**（㉗）**となり、血流は良好です。**

　なお、パナソニックは21年に米ソフトウェ
ア会社のブルーヨンダーを約8600億円で買
収。前期にこの費用が計上されたため、当期
は投資CFの支出額が大きく減少しています。

　ちなみに同社の決算短信によると、当期の

設備投資額は3091億円。一方で、設備（筋肉）
の衰えを意味する有形固定資産の減価償却費
は1966億円なので、筋肉は増強されていま
す。また、当期の研究開発費は4698億円で、
R＆D比率※は5.6％。競合の日立は2.9％、ソ
ニーは7.3％となっています。

　最後に**財務CFをみると、当期は6070億円
のマイナスと流出額が激増**（㉘）。主因は、
借入の返済です。短期で3153億円（㉙）、長
期で1836億円（㉚）、計4989億円を借金の
返済にあてています。B/Sでみた現金の減少
はこれが要因であり、計3864億円の現金が
流出した（㉛）結果、期末残高は8195億円
（月商の1.2か月分）にまで減少しました（㉜）。

キャッシュ・フロー計算書（C/S）より

（百万円）

	20年3月期	21年3月期	22年3月期	23年3月期	
営業活動によるキャッシュ・フロー	430,303	504,038	252,630	520,742	⑳
当期純利益	240,038	183,894	265,438	280,556	㉑
減価償却費及び償却費	372,975	317,572	339,148	382,289	
棚卸資産の増減額	30,938	−21,173	−225,928	−120,617	㉒
その他	−190,522	83,555	−148,991	−52,673	㉓
投資活動によるキャッシュ・フロー	−206,096	176,596	−796,149	−344,033	㉔
有形固定資産の取得	−273,920	−231,118	−233,967	−289,353	㉕
有形固定資産の売却	23,104	20,370	62,776	29,298	
その他	14,320	72,467	−618,862	−82,365	㉖
フリー・キャッシュ・フロー（営業CF＋投資CF）	224,207	680,634	−543,519	176,709	㉗
財務活動によるキャッシュ・フロー	48,222	−177,704	58,910	−607,013	㉘
短期債務の増減額	105,119	−205,401	101,539	−315,328	㉙
長期債務の増減額	31,911	108,963	48,779	−183,640	㉚
現金及び現金同等物の純増減額	244,240	576,720	−387,351	−386,374	㉛
現金及び現金同等物の期末残高	1,016,504	1,593,224	1,205,873	819,499	㉜

投資家はココに注目！

EV市場向け製品を柱に、構造改革を進められるか

　会社予想では、次期は営業利益が1414億円
（49％）増加。米国IRA法により、EV電池事業で
800億円の補助金を見込んでいることが大き
い。同社は2030年までに北米のEV市場が年率
35％の急成長を続けると予測しており、成長投資
として北米で工場新設を計画。30年度にはエナ

ジー部門で3兆円（現在の3倍強）の売上を目指す。
　他方、既存事業では収益が伸び悩んでおり、構造
改革の遅れを指摘する投資家も少なくない。複数の
事業を持つことで全社としての収益性が上がら
ず、株価が低位にとどまる「コングロマリット・ディ
スカウント」を解消できるか、経営力の見せどころだ。

セブン&アイ・ホールディングス の決算書を読む

一言でいうと

海外事業買収で運動量が劇的アップ！オリジナル商品強化で収益性向上を図る

GS

ガソリンパワー充填！

ガツガツ

オリジナル弁当

◎決算書サマリー（決算短信【日本基準】連結より）

(百万円)

損益計算書（P/L）

損益計算書（P/L）	22年2月期	23年2月期
営業収益（ＦＣ店含む売上高）	8,749,752	11,811,303
営業利益	387,653	506,521
（営業収益営業利益率）	（4.4％）	（4.3％）
経常利益	358,571	475,887
（総資産経常利益率＝ROA）	（4.6％）	（4.9％）
親会社株主帰属当期純利益	210,774	280,976
（自己資本当期純利益率＝ROE）	（7.5％）	（8.7％）

貸借対照表（B/S）

貸借対照表（B/S）		
総資産	8,739,279	10,550,956
純資産	3,147,732	3,648,161
（自己資本比率）	（34.1％）	（32.9％）

キャッシュ・フロー計算書（C/S）

キャッシュ・フロー計算書（C/S）		
営業活動によるキャッシュ・フロー	736,476	928,476
投資活動によるキャッシュ・フロー	−2,505,566	−413,229
財務活動によるキャッシュ・フロー	937,077	−270,373
現金及び現金同等物期末残高	1,414,890	1,674,787

次期業績予想

次期業績予想	24年2月期	当期比増減率
営業収益	11,154,000	（−5.6％）
営業利益	513,000	（1.3％）
親会社株主帰属当期純利益	285,000	（1.4％）

決算の5つのギモン

① 営業収益、営業利益ともに1.3倍！
収益急増の要因は何か？

② 営業利益率は横ばい。
なぜ収益性は上がらない？

③ 総資産は10兆円超え！
どんな資産が増えた？

④ 営業CFは9000億超の流入。
なぜ利益以上に入る？

⑤ 前期に2.5兆円の流出。
何に投資した？

セブン&アイHDの **当期の業績!**

☞ **運動量**（営業収益）

UP

前期から
35%

☞ **運動効率**（営業利益率）

DOWN

前期から
0.1 ポイント

☞ **運動成果**（親会社株主
帰属当期純利益）

UP

前期から
33%

☞ **体の太さ**（総資産）

UP

前期から
21%

☞ **骨の太さ**（自己資本比率）

DOWN

前期から
1.2 ポイント

☞ **血液生産量**（営業CF）

UP

前期から
26%

収益性 過去3年で営業利益率は6.4%から4.3%に低下、ROAも低水準

決算書のココをみる!

決算短信から各期の「連結業績」を確認。過去3～10年分の営業利益率を調べる。同じく連結業績から、ROA（総資産経常利益率）の増減も調べてみる。

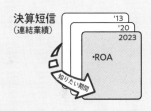

安全性 自己資本比率はやや低めだが、債務返済能力は問題なし

決算書のココをみる!

決算短信から各期の「連結業績」を確認。過去3～10年分の自己資本比率の増減を調べる。また、貸借対照表とキャッシュ・フロー計算書から債務償還年数（→P76）を計算してみる。

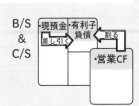

成長性 直近3年間で営業収益は２倍、総資産は1.5倍に急成長!

決算書のココをみる!

決算短信から各期の「連結業績」を確認。過去3～10年前と比べた、営業収益の増減率を計算する。同じく連結業績から、総資産の増減率も計算してみる。

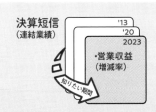

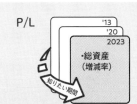

6章 話題の会社の決算書を読もう 実践 03

世界各地に8万店舗以上！圧倒的売上を誇る小売業の巨人

1927年に米国の氷小売店が、牛乳や卵、パンなどを販売し始めたことからはじまったセブン–イレブン。74年に、東京・江東区に日本第1号店が誕生して以降、フランチャイズ（FC）の事業モデルにより急速に拡大。91年には米セブン本社であるサウスランド社を買収、2005年にはセブン–イレブンやイトーヨーカ堂を傘下にもつセブン＆アイHD（以下、セブン）を設立しました。

同社は19の国と地域に出店しており、店舗数は約8万5,000店（国内は23年2月末、海外は22年12月末時点）。**当期（23年2月期）の売上高は12兆円に迫る勢いで、コンビニ業界のみならず国内小売業でも圧倒的な規模を誇っています**（→下表）。

驚異的な売上を叩き出す海外コンビニ事業の実態とは？

コンビニとしてなじみ深い同社ですが、それ以外にもスーパーストア、百貨店、金融など6つの事業を展開（→下図）。決算書も、これらのセグメントに分けて分析していきます。

まずは損益計算書です。**当期の営業収益（全体の売上）は約11.8兆円で、2年前と比べ約2倍と驚異的な増え方をしています**（①）。また、営業利益は2年前と比較し38.2％増の5065億円（②）、最終利益は2810億円で過去最高益を達成（③）し、絶好調にみえます。

一方、営業利益率は、2年前から2.1ポイント低下（④）。なぜ収益性が下がったのでしょうか。

右下のグラフをみると、**驚くことに売上の75％を海外コンビニ事業が占めています**。同社は、21年5月に米3位のコンビニチェー

国内小売業の売上高ランキング[※1]

（億円）

1	セブン＆アイHD	118,113
2	イオン	91,168
3	ファーストリテイリング	23,011
4	パン・パシフィック・インターナショナルHD	19,368
5	ヤマダHD	16,006
6	ウエルシアHD	11,443
7	ローソン	10,004
8	ツルハHD	9,701
9	マツキヨココカラ＆Co.	9,512
10	ニトリHD	9,481

セブン＆アイグループが展開する6つの事業

スーパーストア事業

海外コンビニ事業

国内コンビニ事業
・イトーヨーカ堂
・ヨークベニマル
など

百貨店・専門店事業
・そごう・西武（23年8月まで）
・赤ちゃん本舗　・ロフト
・ニッセンHD
など

金融関連事業
・セブン銀行
・セブン・フィナンシャルサービス
など

その他の事業

損益計算書（P/L）より[※2]

（百万円）

		20年2月期	21年2月期	22年2月期	23年2月期	
FC店からの収入と直営店の売上	営業収益	6,644,359	5,766,718	8,749,752	11,811,303	①
	売上高	5,329,919	4,518,821	7,429,576	10,265,151	
	売上原価	4,239,583	3,480,025	6,017,372	8,503,617	
直営店のみの売上	売上総利益	1,090,336	1,038,796	1,412,203	1,761,534	
	営業収入	1,314,439	1,247,896	1,320,175	1,546,151	
	販売費及び一般管理費	1,980,510	1,920,363	2,344,726	2,801,164	
	営業利益	424,266	366,329	387,653	506,521	②
FC店からの手数料収入	（営業収益営業利益率）	(6.4％)	(6.4％)	(4.4％)	(4.3％)	④
	親会社株主帰属当期純利益	218,185	179,262	210,774	280,976	③

※1 2023年7月末時点で、直近の通期決算を基に比較
※2 営業収益は「FC店からの手数料収入（ロイヤリティ）＋直営店の売上」で、セブン＆アイHDの実質的な売上を表す。ただし、損益計算書上は、売上高は「直営店のみの売上」を計上しており、ここから売上原価を引いた売上総利益に、営業収入として「FC店からの手数料収入」を足し戻して表示している

ン「スピードウェイ」を約2.3兆円で買収。米国でガソリンスタンド併設型店舗を4000近く増やしました。**2年前に比べ全体の売上が激増したのは、買収により海外店舗数が急増し、海外コンビニ事業の売上（⑤）が急拡大したためなのです。**

一方で、収益性低下の謎に迫る鍵はFC店にあります。国内と海外のコンビニ事業の売上構成比をみると、**国内はFC店収入が89％である（⑥）**のに対し、**海外はわずか4％程度（⑦）**。売上のなんと78％をガソリン（⑧）が占めています。FC店収入はロイヤリティなので原価が発生しない一方、ガソリン売上は約9割が原価として計上されます。そのため、売上段階では約10倍あった国内と海外事業の差は、原価を差し引いた営業総利益の段階で約2倍にまで縮まっています（⑨）。

さらに、直営店が多い海外コンビニ事業は、国内事業に比べ特に人件費（⑩）などの販管費が多め（⑪）。その結果、営業利益の差は1637億円にまで縮まり（⑫）、利益率では国内事業のほうが圧倒的に高くなります（⑬）。

増収なのに同社の収益性が低下したのは、利益率の低い海外事業の売上割合が増え、FC店が多く利益率が高い国内事業の割合が低下したことが理由だったのです。同社は今後、食を中心とするオリジナル商品を強化し、海外事業の収益性を上げる計画です。

加えて、イトーヨーカ堂等のスーパーストアと、売却が決定されたそごう・西武等の百貨店専門店の売上はいずれも前期から大幅減（⑭）（⑮）、営業利益率は1％を下回る（⑯）（⑰）など、全社収益の足を引っ張っています。他方、金融事業は利益率が高く、営業収益（⑱）、営業利益（⑲）ともに、前期からほぼ変わらず堅調です。

事業セグメント別の営業収益の割合（23年2月期）

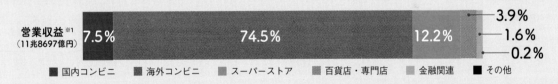

営業収益 ※1 （11兆8697億円）	7.5%	74.5%	12.2%	3.9% 1.6% 0.2%

■ 国内コンビニ　■ 海外コンビニ　■ スーパーストア　■ 百貨店・専門店　■ 金融関連　■ その他

事業セグメント別の業績（23年2月期）※2

（億円）	国内コンビニ	海外コンビニ	
営業総収入	8,727	87,639	⑤
うち、FC店からの収入	7,792 ⑥	3,623	⑦
うち、ガソリン売上	–	68,496	⑧
営業総利益	8,114	16,135	⑨
販管費	5,785	12,169	⑪
広告宣伝費	303	180	
人件費	805	4,135	⑩
地代家賃	1,922	1,346	
減価償却費	840	1,881	
水道光熱費	650	661	
その他	1,266	3,967	
営業利益	2,329	3,966	⑫
（営業利益率）	（26.7％）	（4.5％）	⑬

（億円） スーパーストア		
営業収益（増減率）	14,492（−20.0％）	⑭
営業利益（増減率）	121（−35.6％）	
（営業利益率）	（0.8％）	⑯

百貨店・専門店		
営業収益（増減率）	4,637（−34.9％）	⑮
営業利益（増減率）	34（ − ％）	
（営業利益率）	（0.7％）	⑰

金融関連		
営業収益（増減率）	1,943（−0.1％）	⑱
営業利益（増減率）	371（−1.1％）	⑲
（営業利益率）	（19.1％）	

※1 営業収益の各セグメントの合計額は、調整によるマイナスを含まないため、損益計算書の営業収益の数値とは異なる
※2 国内コンビニ事業はセブン・イレブン・ジャパン、海外コンビニ事業は22年12月期の7-Eleven, Inc.の数値を決算補足資料より参照。「営業総収入」「営業総利益」などの表記は同資料に基づいている

21年5月のスピードウェイ社の買収は、体つき（資産構成）にも大きな変化を与えています。

当期の総資産は10.6兆円で、2年前から1.5倍に増加（⑳）。内訳をみると、流動資産は8.6％減少した（㉑）のに対し、固定資産は約2倍に増えています（㉒）。**巨大化しただけでなく、筋肉質な体に変化したことがわかります。**

流動資産の減少は、買収に伴い現預金が7685億円減少した（㉓）ことが主因です。対して固定資産は、買収により建物や土地（㉔）を取得したことで、有形固定資産が約2倍に増加（㉕）。さらに無形固定資産は3.7倍に増えました（㉖）。このうち約8割を占めるのが、のれん（㉗）です（→P96）。スピードウェイ社の買収により、**のれん額が3500億円から1.7兆円まで跳ね上がっていることからも、同社が巨額買収で勝負手を打ったことが読み取れます。**

次に、これらの資産増加の元手をみてみましょう。買収前と比較し、負債合計は2.8兆円増加（㉘）。増加分のうち、流動負債は4827億円（17％）（㉙）、固定負債は2.3兆円（83％）（㉚）と、ほとんどが固定負債の増加です。なかでも社債は一昨年から前年にかけて約1兆円増えており（㉛）、**買収資金の約半分を社債の発行によって手当てしたことがわかります。**

一方、当期の純資産は3.6兆円（㉜）で、自己資本比率は32.9％と買収前に比べ5.5ポイント減少。ただしネットD/Eレシオ（→P72）は前期0.5倍から当期0.4倍に改善。数値も低く安全性に問題はなさそうです。

血流（キャッシュ）の状態はどうでしょうか。

まず目を引くのが、前期の子会社（スピードウェイ社）取得による支出（㉝）です。ここに買収額の2.3兆円が計上されています。単年でこれほど巨額のキャッシュ流出があって問題はないのでしょうか。

財務CFをみると、21年2月期に短期借入

貸借対照表（B/S）より　　　　　　　（百万円）

資産の部	21年2月期	22年2月期	23年2月期	
流動資産	3,350,223	2,604,774	3,060,653	㉑
現金及び預金	2,189,152	1,420,653	1,670,872	㉓
受取手形及び売掛金		365,746	－	
営業貸付金		91,662	93,490	
商品及び製品		246,571	280,044	
その他		306,593	397,288	
固定資産	3,594,022	6,132,658	7,489,195	㉒
有形固定資産	2,206,023	3,232,347	4,341,750	㉕
建物及び構築物	994,096	1,527,898	1,614,830	㉔
土地	746,284	1,119,796	1,196,007	
無形固定資産	645,873	2,140,002	2,364,673	㉖
のれん	349,882	1,741,604	1,913,017	㉗
投資その他の資産	742,125	760,308	782,772	
資産合計	6,946,832	8,739,279	10,550,956	⑳

（百万円）

負債の部	21年2月期	22年2月期	23年2月期	
流動負債	2,782,433	2,480,725	3,265,089	㉙
支払手形及び買掛金		483,908	536,173	
短期借入金		140,146	143,568	
1年内償還予定の社債		60,000	355,823	
1年内返済予定の長期借入金		121,280	145,605	
固定負債	1,333,063	3,110,820	3,637,704	㉚
社債	565,000	1,582,906	1,394,728	㉛
長期借入金	362,592	994,399	936,070	
負債合計	4,115,497	5,591,546	6,902,794	㉘
資本（純資産）の部				
株主資本		2,767,517	2,981,545	
その他の包括利益累計額合計		213,438	493,001	
純資産合計	2,831,335	3,147,732	3,648,161	㉜
負債純資産合計	6,946,832	8,739,279	10,550,956	

金のネット収入が4905億円（㉞）、21〜22年2月期に長期借入で9581億円（㉟）、社債で1.5兆円（㊱）のキャッシュが2年間で流入。これにより現金の期末残高は、買収直後でも1.4兆円確保できています（㊲）。**出血によるダメージを防ぐために、セブンが計画的に資金調達を進めていたことが読み取れます。**

　さらに注目したいのが、営業CFの増加です（㊳）。内訳をみると、前期から減価償却費が835億円（28.6％）（㊴）、のれんの償却額が414億円（58.1％）（㊵）と、いずれも大きく増えています。2つの合計額は4888億円で、税引前当期純利益（㊶）よりも大きな金額が足し戻されているのです。

　減価償却費とのれんが増加したのは、スピードウェイ社の買収によって、建物、機械設備、土地、無形資産などが増加したためです。そしてこれらの償却費は、費用計上されても、キャッシュの流出はありません（→P28、P96）。そのためセブンは、税引前当期純利益に対し、実際のキャッシュの流入（営業CF）は2倍以上あるという特徴があります。

　最後に、営業CFから債務償還年数（→P76）を計算すると2.0年から1.4年に改善しており、債務返済能力に問題はないでしょう。ただし営業CFは増えましたが、借金返済という出血も今後増えるため、血流状態が良くなったとは必ずしも言えません。

キャッシュ・フロー計算書（C/S）より

（百万円）

	20年2月期	21年2月期	22年2月期	23年2月期	
営業活動によるキャッシュ・フロー	576,670	539,995	736,476	928,476	㊳
税金等調整前当期純利益	346,469	258,776	311,854	402,761	㊶
減価償却費	226,475	235,504	292,561	376,097	㊴
のれん償却額	23,574	25,040	71,276	112,700	㊵
投資活動によるキャッシュ・フロー	−318,047	−394,127	−2,505,566	−413,229	
子会社株式の取得による支出	−	−41,973	−2,295,563	−459	㉝
フリー・キャッシュ・フロー（営業CF＋投資CF）	258,623	145,868	−1,769,090	515,247	
財務活動によるキャッシュ・フロー	−213,204	690,542	937,077	−270,373	
短期借入金の純増減額	−13,707	490,506	−479,923	3,718	㉞
長期借入れによる収入	53,580	125,793	832,298	163,652	㉟
長期借入金の返済による支出	−98,555	−93,579	−261,954	−262,650	
社債の発行による収入	−	349,307	1,192,710	−	㊱
現金及び現金同等物の増減額	44,126	828,980	−768,946	259,897	
現金及び現金同等物の期末残高	1,354,856	2,183,837	1,414,890	1,674,787	㊲

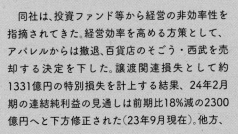

投資家はココに注目！

「そごう・西武」売却、オリジナル商品強化……経営効率化の前途は

　同社は、投資ファンド等から経営の非効率性を指摘されてきた。経営効率を高める方策として、アパレルからは撤退、百貨店のそごう・西武を売却する決定を下した。譲渡関連損失として約1331億円の特別損失を計上する結果、24年2月期の連結純利益の見通しは前期比18％減の2300億円へと下方修正された（23年9月現在）。他方、

イトーヨーカ堂は、食品におけるコンビニ事業とのシナジーを見込み維持されるが、国内事業をオリジナル商品強化で成長させることができるかに注目だ。

　海外コンビニ事業については、今後EVへのシフトでガソリン需要が減ると見込まれるなか、事業をいかに成長させるかが課題だろう。

味の素 の決算書を読む

でいうと

売上、最終利益ともに過去最高を達成！
原材料高騰も、海外市場の拡大で躍進

アミノサイエンスを世界に拡大！

アジア

アメリカ

原材料費高騰

◎決算書サマリー（決算短信【IFRS】連結より）

（百万円）

損益計算書（P/L）

	22年3月期	23年3月期
売上高	1,149,370	1,359,115
事業利益	120,915	135,341
（売上高事業利益率）	（10.5%）	（10.0%）
（資産合計事業利益率＝ROA）	（8.4%）	（9.1%）
親会社所有者帰属当期利益	75,725	94,065
（親会社所有者帰属持分当期利益率＝ROE）	（11.6%）	（12.9%）

財政状態計算書（B/S）※

資産合計	1,457,060	1,511,734
資本合計（純資産）	739,744	822,968
（親会社所有者帰属持分比率）	（47.1%）	（50.8%）

キャッシュ・フロー計算書（C/S）

営業活動によるキャッシュ・フロー	145,576	117,640
投資活動によるキャッシュ・フロー	−61,567	−30,087
財務活動によるキャッシュ・フロー	−123,055	−111,061
現金及び現金同等物期末残高	151,454	132,777

次期業績予想

	24年3月期	当期比増減率
売上高	1,465,000	（7.8%）
事業利益	150,000	（10.8%）
親会社所有者帰属当期利益	95,000	（1.0%）

決算の5つのギモン

① 売上高は過去最高！
1.3兆超えの要因は？

② 事業利益は11.9%増。
利益の源泉は何か？

③ 微増した資産合計。
中身や骨格の状態は？

④ 279億も減った営業CF。
増収増益なのになぜ？

⑤ 財務CFはマイナス1111億円。
何に投じたのか？

味の素の **当期の業績！**

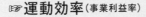

☞運動量（売上高）

 **UP**

前期から
18%

☞運動効率（事業利益率）

 DOWN

前期から
0.5 ポイント

☞運動成果（親会社所有者帰属当期純利益）

 **UP**

前期から
24%

☞体の太さ（資産合計）

 UP

前期から
3.8%

☞骨の太さ（自己資本比率）

 UP

前期から
3.7 ポイント

☞血液生産量（営業CF）

DOWN

前期から
19%

収益性　ヘルスケア事業が高収益、海外市場でも収益性向上

決算書のココをみる！

有価証券報告書の「当連結会計年度のセグメント別の概況」から、事業セグメント別の売上高、事業利益を調べる。また、「地域ごとの情報」から、地域別の売上高と事業利益の増減率を計算してみる。

有価証券報告書

> 事業セグメント
> ・売上高
> ・事業利益
> ・事業利益率

有価証券報告書

> 地域ごとの情報
> ・売上高
> ・事業利益
> （増減率）

安全性　自己資本比率アップで50%超え、債務返済能力も高まる

決算書のココをみる！

決算短信から各期の「連結業績」を確認。過去5〜10年分の自己資本比率（親会社所有者帰属持分比率）の増減を調べる。また、財政状態計算書からネットD/Eレシオ（→P72）も計算してみる。

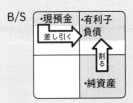

成長性　売上高、資産合計ともに10年で約1.4倍に拡大、利益も成長

決算書のココをみる！

決算短信から各期の「連結業績」を確認。5〜10年前と当期の売上高、事業利益を比較して、増減率を計算する。同じく、連結業績から資産合計の増減も調べてみる。

創業約115年の歴史を誇る
国内最大手の食料品メーカー

味の素の創業は1909年。創業者の鈴木三郎助は、うま味の発見者の池田菊苗より頼まれ、昆布だしに含まれるアミノ酸を原料とした調味料「味の素」の製造・販売を開始します。

それから約115年。同社は36の国と地域に拠点を置き（2023年3月時点）、調味料や食品の製造・販売、ヘルスケア等の事業を展開。2015年には売上高が1兆円を突破し、当期（23年3月期）の資産合計は1.5兆円を超えるなど、国内有数のグローバル企業に成長しました。

食卓調味料や冷凍食品メーカーの印象が強い同社。しかし決算書をみると、それとは異なる姿が浮かび上がってきます。

では、当期の損益計算書をみてみましょう。売上高は前期から18.2％増え、1.3兆円超え（①）。原材料の値上がりの影響（②）を受け、粗利率は2.5ポイント低下（③）するも、販管費を抑制した（④）ことで**事業利益**[※2]**は前期比144億円（11.9％）増（⑤）、最終利益も183億円（24.2％）増（⑥）となりました。**

味の素の事業セグメントは「調味料・食品」「冷凍食品」「ヘルスケア等」の3つに分けられます（→下表）。このうち売上の6割近くを占めるのが調味料・食品事業で、残りを冷凍食品とヘルスケア等事業が二等分しています（→次ページ⑦）。一方で、事業利益をみると、全体の6割を調味料・食品事業が占める構図は変わりませんが、冷凍食品の利益はわずかに2億円。残りのほとんどをヘルスケア等事業が稼いでいます（⑧）。また利益率で

過去10年分の
売上高・資産合計・事業利益率の推移 [※1]

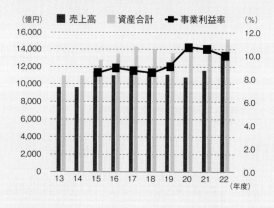

味の素の3つの事業セグメント

① 調味料・食品	「味の素」をはじめとする調味料、スープ、飲料、即席麺、食品メーカー等を対象としたB2B事業
② 冷凍食品	日本、北米、欧州において、ギョーザ、からあげ、米飯等のアジアン製品を主力に展開
③ ヘルスケア等	医薬、食品等の領域で、アミノ酸をベースとした製品・サービスを展開。ほか、電子材料も提供

損益計算書（P/L）より

（百万円）

	19年3月期	20年3月期	21年3月期	22年3月期	23年3月期	
売上高	1,114,308	1,100,039	1,071,453	1,149,370	1,359,115	①
売上原価	719,299	696,166	665,234	723,472	888,727	②
売上総利益	395,008	403,873	406,219	425,897	470,387	
（粗利率）	（35.4％）	（36.7％）	（37.9％）	（37.1％）	（34.6％）	③
販売費	174,263	172,079	160,646	168,847	186,488	④
一般管理費	99,167	102,516	107,853	112,277	127,017	
事業利益	93,237	99,236	113,136	120,915	135,341	⑤
（売上高事業利益率）	（8.4％）	（9.0％）	（10.6％）	（10.5％）	（10.0％）	
親会社所有者帰属当期利益	29,698	18,837	59,416	75,725	94,065	⑥

※1 13年度、14年度は日本基準。15年度以降はIFRS基準。事業利益は15年度以降のみ公表している
※2 IFRSの営業利益を調整して、日本の会計基準の営業利益に近づけたもの

は、ヘルスケア等が17.5％と最も高く、調味料・食品は10.7％、冷凍食品は0.1％しかありません（⑨）。

実は、同社の調味料・食品事業で特に好調なのが、食品メーカーや外食産業を顧客とした「B2B事業」です。テレビCMでみる消費者向けの商品だけでなく、食品製造業の課題を解決するための製品やサービスをグローバルに展開することで大きな収益をあげています。

また、高い収益性を有するヘルスケア事業の中核をなすのが、味の素独自の「アミノサイエンス系事業※」です。同社は、2030年度までに食品系事業とアミノサイエンス系事業の利益割合を1：1にすることで、さらに成長を加速させていく予定です。

売上の約6割は海外
利益拡大で成長を牽引する

続いて、地域別の業績を分析してみましょう。味の素は、1914年に中国に特約店を設置するなど、早くから海外で事業を展開。特に主力商品である調味料は、130以上の国と地域で販売され、世界中に普及しています。

また、2013年には米・バイオ医薬品会社、14年には米・冷凍食品製造会社、17年にはトルコ、フランスなどの食品会社を買収するなど、同社は積極的に海外企業のM＆A（→P95）を行うことで市場を拡大。売上をみると、全体の約6割をアジア、米国、欧州といった海外地域が占めています（→下グラフ）。前期からの増減率も、日本が5.0％増（⑩）なのに対し、海外は28.0％増（⑪）と、売上の海外比率はさらに高まっており、同社の成長を牽引しています。

同様に、事業利益の前期比増減率も、日本が2.7％増（⑫）なのに対して、海外は19.5％増（⑬）と大きく伸びています。新型コロナ後の力強い市場の回復を受け、数量増と価格の値上げ、円安効果などで原材料のコスト増を跳ね返したかたちです。地域別の利益率では、調味料が稼ぎ頭のアジアが最も高く14.6％（⑭）。続いてヘルスケア事業が比較的大きい日本が11.0％（⑮）。冷凍食品事業の割合が大きい米州が5.2％（⑯）と、最も低くなっています。

事業セグメント別の売上高と事業利益（23年3月期）

（億円）

	売上高	事業利益	事業利益率
調味料・食品	7,750	829	（10.7％）
冷凍食品	2,672	2	（0.07％）
ヘルスケア等	2,996	525	（17.5％）
	⑦	⑧	⑨

地域別売上高の割合（23年3月期）

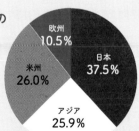

欧州 10.5％
日本 37.5％
米州 26.0％
アジア 25.9％

地域別の売上高と事業利益（23年3月期）

（億円）

	売上高	（増減率）		事業利益	（増減率）		事業利益率	
日本	5,099	（5.0％）	⑩	560	（2.7％）	⑫	（11.0％）	⑮
海外	8,491	（28.0％）	⑪	793	（19.5％）	⑬	（9.3％）	
アジア	3,520	（23.4％）		514	（8.4％）		（14.6％）	⑭
米州	3,539	（34.8％）		183	（56.9％）		（5.2％）	⑯
欧州	1,431	（23.7％）		95	（32.1％）		（6.6％）	

※ アミノ酸の効果に関する研究プロセスや実装化プロセスから得られる多様な素材・機能・技術・サービスの総称

資産合計は1.5兆円超で過去最大 巨体を丈夫な骨格で支える

続いて、財政状態計算書から体つきと健康状態をみてみます。当期は、資産合計が前期から547億円（3.8％）増加（⑰）。10年前（13年3月期）と比べると38.5％増加しており、**体つきは順調に成長しています**。資産の内訳をみると、流動資産が6155億円（40.7％）（⑱）、非流動資産が8962億円（59.3％）（⑲）で、**脂肪と筋肉がバランスよくついている状態です**。

流動資産の内訳をみると、当期は特に棚卸資産の増加（⑳）が目立ちます。決算資料によると、棚卸資産の増加は「原材料価格等の上昇の影響」とありますが、棚卸資産回転期間（→P82）は約111日と前期と同水準であり、悪化はしていません。これに売上債権と仕入債務の回転期間を合わせてみたキャッシュ・コンバージョン・サイクル（→P82）は、主に仕入債務回転期間の短期化（㉑）により、前期の61日から当期は73日へと長期化しています。

一方で、骨格の状態はどうでしょうか。自分の骨格である資本合計（純資産）は、前期から832億円増加（㉒）。これにより、自己資本比率は50.8％と、前期から3.7ポイント上昇しました。**体の成長は自身の骨格の増加によって支えられており、体はより頑強になっています**。さらに有利子負債が前期から253億円減った（㉓）結果、ネットD/Eレシオ（→P72）は0.22倍から0.19倍へ低下。財務の健全性は増しています。

営業CFで得た現金を貯めず 株主に利益を還元

最後に、キャッシュ・フロー計算書から血流の状態を調べていきます。

当期は、増収増益だったにもかかわらず、営業CFは前期から19.2％減少し1176億円（㉔）。その要因は、棚卸資産が237億円ほど増えた（㉕）ことにあり、やはりここでも原材料の高騰の影響がみてとれます。

一方で、**投資CFは301億円の支出で、前期の約半分程度にとどまりました**（㉖）。有形固定資産の取得による支出（㉗）が減り、売却によ

財政状態計算書（B/S）より　　　　（百万円）

資産の部	22年3月期	23年3月期	
流動資産	581,419	615,537	⑱
現金及び現金同等物	151,454	132,777	
売上債権及びその他の債権	162,397	163,714	
その他の金融資産	17,810	12,312	
棚卸資産	219,356	269,822	⑳
その他の流動資産	24,375	24,235	
非流動資産	875,641	896,197	⑲
有形固定資産	522,312	536,565	
無形資産	68,309	65,916	
のれん	99,839	92,114	
持分法で会計処理される投資	115,248	119,825	
長期金融資産	51,864	53,749	
その他の非流動資産	11,049	19,056	
資産合計	1,457,060	1,511,734	⑰

（百万円）

負債の部	22年3月期	23年3月期	
流動負債	324,631	339,644	
仕入債務及びその他債務	199,908	197,981	㉑
短期借入金	8,219	12,599	
1年内償還予定の社債	19,990	19,988	
1年内返済予定の長期借入金	14,418	16,733	㉓
非流動負債	392,684	349,120	
社債	139,631	119,696	
長期借入金	131,650	119,548	
負債合計	717,316	688,765	
資本（純資産）の部			
資本金	79,863	79,863	
利益剰余金	616,286	652,307	
資本合計	739,744	822,968	㉒
負債及び資本合計	1,457,060	1,511,734	

る収入が増えた（28）ことが主な要因です。これによりフリーCF（営業CF＋投資CF）は876億円（29）と、前期をやや上回り十分です。

注目したいのは、生み出した血液量以上に、積極的に献血をしている点です。 財務CFは1111億円のマイナス（30）と、前期に続いて支出額が1000億円を超えました。

その用途は2つあり、1つは借金の返済です。短期借入金は増えた（31）一方で、長期借入金の返済に143億円をあてています（32）。

そしてもう1つが、株主への還元策です。 316億円を配当金として支払った（33）ほか、**自社株買い**（→右コラム）に前期は400億、

当期は300億円を投じています（34）。その結果、現金残高は前期より減少（35）。むやみに現金を貯めず、株主に積極的に利益を還元している姿勢がうかがえます。

過去4年間を時系列でみても、血流の状態は健康体そのもので問題はありません。

KEYWORD 自社株買い

企業が、自社の株式を市場から買い戻すこと。株主に対する利益還元策のひとつ。買い戻した株を消却することで、発行済株式総数（株式の母数）を減らし、株主の一株当たり利益（EPS→P68）を増やす効果がある。

キャッシュ・フロー計算書（C/S）より

（百万円）

	20年3月期	21年3月期	22年3月期	23年3月期	
営業活動によるキャッシュ・フロー	114,856	165,650	145,576	117,640	24
税引前当期利益	48,795	98,320	122,472	140,033	
棚卸資産の増減額	−2,092	−8,090	−17,914	−41,613	25
投資活動によるキャッシュ・フロー	−66,651	−66,247	−61,567	−30,087	26
有形固定資産の取得による支出	−73,703	−76,889	−73,842	−68,383	27
有形固定資産の売却による収入	1,264	17,226	17,763	40,255	28
フリー・キャッシュ・フロー（営業CF＋投資CF）	48,205	99,403	84,009	87,553	29
財務活動によるキャッシュ・フロー	−52,306	−60,387	−123,055	−111,061	30
短期借入金の増減額	−1,759	3,051	−3,949	4,066	31
長期借入れによる収入	3,545	33,500	538	2,362	
長期借入金の返済による支出	−13,735	−15,547	−18,328	−14,299	32
配当金の支払額	−17,555	−17,526	−27,273	−31,630	33
自己株式の取得による支出	−6	−7	−40,041	−30,022	34
現金及び現金同等物の増減額	−12,024	42,908	−30,155	−18,677	35
現金及び現金同等物の期末残高	141,701	181,609	151,454	132,777	

投資家はココに注目！

明確な目標設定と達成へのビジョンを投資家が高評価

味の素の株価は、直近2年間で倍以上に急上昇。時価総額は約3.1兆円（23年8月時点）で、売上規模が近い日本ハムの時価総額（約4600億円）の約7倍、売上がほぼ倍のアサヒグループ（売上2.5兆円、時価総額約2.8兆円）も超える水準となっている。

予想PER（株価収益率→P68）は約30倍と、アサヒ（約18倍）や日経平均（約15倍）を大きく上回り、投資家から高く評価されている。

配当や自社株買いで積極的に株主還元していることに加え、2030年までに目指す姿を投資家に示している点も好感度を高めている。

味の素は、年平均5％を超える成長を目指し、ROEを現状の13％から20％まで高めるという具体的な数字目標を掲げている。

信越化学工業 の決算書 を読む

一言でいうと 爆発的な建築ラッシュで売上・利益急増! 世界トップシェアの原材料生産で飛躍

目指せ時価総額
10兆円!

◎決算書サマリー (決算短信【日本基準】連結より)

(百万円)

損益計算書(P/L)	22年3月期	23年3月期
売上高	2,074,428	2,808,824
営業利益	676,322	998,202
（売上高営業利益率）	（32.6％）	（35.5％）
経常利益	694,434	1,020,211
（総資産経常利益率＝ROA）	（18.7％）	（23.2％）
親会社株主帰属当期純利益	500,117	708,238
（自己資本当期純利益率＝ROE）	（16.3％）	（19.7％）

貸借対照表(B/S)		
総資産	4,053,412	4,730,394
純資産	3,429,208	4,026,209
（自己資本比率）	（82.1％）	（81.8％）

キャッシュ・フロー計算書(C/S)		
営業活動によるキャッシュ・フロー	553,528	788,013
投資活動によるキャッシュ・フロー	−253,723	−186,488
財務活動によるキャッシュ・フロー	−122,504	−423,559
現金及び現金同等物期末残高	1,008,925	1,247,344

次期業績予想	24年3月期	当期比増減率
売上高	2,300,000	（−18.1％）
営業利益	700,000	（−29.9％）
親会社株主帰属当期純利益	520,000	（−26.6％）

決算の5つのギモン

① 売上高は35.4％増加！
どんな製品が主力に？

② 営業利益率は35％を突破！
高い収益性の理由は？

③ 総資産は約4.7兆円に増。
体が巨大化した要因は？

④ 投資CFは前期比26.5％減。
なぜ筋トレ量が減った？

⑤ 財務CFで4236億円の流出。
多額の現金を何に使ったのか？

信越化学工業の当期の業績！

☞ **運動量**（売上高）

UP
前期から
35%

☞ **運動効率**（営業利益率）

UP
前期から
2.9 ポイント

☞ **運動成果**（親会社株主帰属当期純利益）

UP
前期から
42%

☞ **体の太さ**（総資産）

UP
前期から
17%

☞ **骨の太さ**（自己資本比率）

DOWN
前期から
0.3 ポイント

☞ **血液生産量**（営業CF）

UP
前期から
42%

6章 話題の会社の決算書を読もう　実践 05

収益性 営業利益率は10年前の2倍の水準、ROEも約20％と高水準

決算書のココをみる！

決算短信から各期の「連結業績」を確認。過去5〜10年分の営業利益率の増減を調べる。同じく、各期の連結業績から、ROE（自己資本当期純利益率）の増減も調べてみる。

決算短信（連結業績）　'13　'18　2023　・営業利益率　知りたい期間

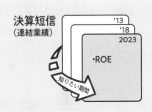

決算短信（連結業績）　'13　'18　2023　・ROE　知りたい期間

安全性 自己資本比率80％超え、巨額の余剰資金があり実質無借金

決算書のココをみる！

決算短信から各期の「連結業績」を確認。過去2〜3年分の自己資本比率の増減を調べる。また、貸借対照表から純有利子負債（→P72）を計算してみる。

決算短信（連結業績）　'21　'22　2023　・自己資本比率　2〜3年

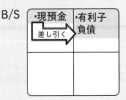

B/S　・現預金　・有利子負債　差し引く

成長性 10年間の年平均成長率※は売上高10％、営業利益21％、総資産9％

決算書のココをみる！

決算短信から各期の「連結業績」を確認。5〜10年前分の売上高、営業利益から、年平均成長率を計算する。同じく、各期の連結業績から総資産の年平均成長率の増減も調べてみる。

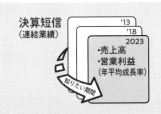

決算短信（連結業績）　'13　'18　2023　・売上高　・営業利益（年平均成長率）　知りたい期間

決算短信（連結業績）　'13　'18　2023　・総資産　知りたい期間

※ 計算式は次のとおり。＝（当期の売上高÷初年度の売上高）^（1÷経過年数）－1　Excelなどの表計算ソフトで求められる

日本が誇る世界的化学メーカー その実力とは？

　一般の知名度は決して高くありませんが、世界中の投資家から熱い視線を浴びるグローバル化学メーカー、信越化学工業。

　1926年に化学肥料の生産会社として創業した同社は、戦後間もなくシリコーンなどの化学素材の製造販売を開始。1960年代に海外に進出、現在は19か国に93の拠点を持ち、売上の8割超を海外市場が占めています。

　同社の強みは、塩ビ（塩化ビニル樹脂）、シリコンウエハー、合成石英など、建築や半導体の素材・製品で世界トップクラスのシェアを誇っていること。**この10年で売上は2.4倍、営業利益は5.7倍、営業利益率は35％を超えるなど、非常に高い収益性が魅力です**（→下グラフ）。

　売上高は、国内3位の富士フイルムと同規模ですが、**時価総額は約9.3兆円と他社を圧倒**（→下表）。世界の化学メーカーの時価総額でも5位前後に入っており、投資家からの評価や期待が非常に高いことがわかります。

　では信越化学が、これほど高い収益を安定してあげられる理由は一体どこにあるのか。その秘密を決算書から探っていきましょう。

　まずは損益計算書です。**当期（23年3月期）の売上高は2.8兆円（前期比35.4％増）（①）、営業利益は9982億円（同47.6％増）（②）と、いずれも過去最高となりました。**

　注目したいのが、粗利率の高さと販管費比率の低さです。前期と当期は、いずれも粗利率が40％を上回っている（③）一方で、販管費比率は10％未満（④）。つまり、「**製品の付加価値が高く、宣伝に費用をかけずとも**

過去10年分の売上高・営業利益・営業利益率の推移

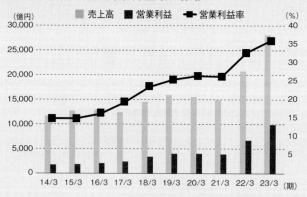

主要化学メーカーの売上高と時価総額※

(億円)

	売上高	時価総額
三菱ケミカルG	46,345	12,863
住友化学	28,953	6,460
富士フイルムHD	28,590	33,020
信越化学工業	28,088	92,806
旭化成	27,265	12,545
三井化学	18,795	7,393
花王	15,511	25,894
レゾナックHD	13,926	4,007
日本ペイントHD	13,090	29,370
積水化学工業	12,425	9,679

損益計算書（P/L）より

(百万円)

	19年3月期	20年3月期	21年3月期	22年3月期	23年3月期	
売上高	1,594,036	1,543,525	1,496,906	2,074,428	2,808,824	①
売上原価	1,039,979	987,782	953,203	1,206,425	1,594,717	
売上総利益	554,057	555,743	543,702	868,002	1,214,107	
（粗利率）	(34.8％)	(36.0％)	(36.3％)	(41.8％)	(43.2％)	③
販売費及び一般管理費	150,352	149,702	151,489	191,680	215,905	
（売上高販管費比率）	(9.4％)	(9.7％)	(10.1％)	(9.2％)	(7.7％)	④
営業利益	403,705	406,041	392,213	676,322	998,202	②
（売上高営業利益率）	(25.3％)	(26.3％)	(26.2％)	(32.6％)	(35.5％)	
親会社株主帰属当期純利益	309,125	314,027	293,732	500,117	708,238	⑤

　※ 売上高は22年度決算を基に作成。時価総額は2023年8月4日時点のもの

売れる」ことを表しています。これは同社が得意分野に特化し、企業向け（BtoB）事業で高い競争力を有している証左と言えます。

近年は、原材料高騰に苦しめられる企業も多いなか、**素材というサプライチェーンの源泉を担う同社は、原材料価格の上昇を製品単価の上昇（利幅の拡大）に反映させやすい強みがあります。**これにコロナ禍からの世界経済の回復による需要増も相まって、売上、利益ともに拡大。最終利益は前期から41.6％も増え、過去最高額を達成しました（⑤）。

建築ラッシュで塩ビ売上拡大
現地生産＆世界販売で利益増

同社の利益のエンジンがどこにあるのか、セグメント分析でさらに深掘りしていきましょう。

信越化学の事業には、「生活環境基盤材料」「電子材料」「機能材料」「加工・商事・技術サービス」の4つがあります（→下図）。当期の業績をみると、売上高（⑥）、営業利益（⑦）ともに、生活環境基盤材料（塩ビ製品）が突出しています。さらに増減率をみると、売上は前期から52.6％増（⑧）、営業利益は70.3％増（⑨）と、大幅に増えている点も気になります。

この主因は、国内ではなく、米国や中国の建材需要の増加です。米国では、新型コロナ感染拡大を受け、21年頃から快適なリモートワーク環境を求めて郊外に住宅を建てる動きが活発化。また中国では、コロナ禍が明け高層ビルやマンションの建築が再開。これらの建築ラッシュにより、住宅に欠かせない塩ビ製品の需要が急拡大しました。当期の地域別の売上高（→下円グラフ）をみると、米国と中国を含むアジア・オセアニアだけで6割強と、大きな市場を形成していることがわかります。

信越化学工業の4つの事業セグメント

生活環境基盤材料
上下水道のパイプ、住宅、農業、生活用品などに使われる、塩化ビニル樹脂、苛性ソーダ製品を製造・販売。

電子材料
半導体の製造に欠かせないシリコンウエハー、フォトレジスト、フォトマスクブランクスなどを製造・販売。

機能材料
化粧品、自動車、コンタクトレンズ、食品などに使われる5000種以上のシリコーンなどを製造・販売。

加工・商事・技術サービス
塩ビやシリコーンの加工製品の設計・販売、各種プラントの設計・建設・メンテナンスなどのサービスを提供。

地域別の売上高（23年3月期）

その他 2072億円（7％）
日本 5387億円（19％）
欧州 2777億円（10％）
アジア・オセアニア 8051億円（29％）
米国 9798億円（35％）

事業セグメント別の売上高・営業利益・営業利益率（23年3月期）

（億円）

	生活環境基盤材料	電子材料	機能材料	加工・商事・技術	
売上高	13,080	8,756	4,933	1,316	⑥
（前期比増減率）	（52.6％）	（23.5％）	（24.7％）	（16.9％）	⑧
うち国内生産分	1,392	6,838	3,077	933	
うち海外生産分	11,688	1,917	1,856	382	⑩
営業利益	5,413	3,014	1,306	263	⑦
（前期比増減率）	（70.3％）	（23.2％）	（37.9％）	（25.8％）	⑨
（営業利益率）	（41.4％）	（34.4％）	（26.5％）	（20.0％）	

また、同社が販売だけでなく、生産も海外で行っていることも見逃せません。セグメント別の売上高を国内生産分と海外生産分に分けると、生活環境基盤材料は海外生産分が89％と大部分を占めていることがわかります（→前ページ⑩）。この海外生産のコアを担うのが、1973年に米・テキサス州で信越化学が創業した合弁会社シンテック社です。

米国は塩ビの出発原料の岩塩や天然ガスを豊富に産出する国でもあります。創業当初10万トンだった塩ビの生産量は、2023年には362万トンまで増加（予定）。**生産量、市場シェアともに世界トップを走っています。**

つまり原料の産出国に工場を建て、原材料や製品を安価かつ安定的に大量生産。それに**高い付加価値（大きな利幅）をつけ、世界中の市場で販売するという、生産システムと販売網が同社塩ビ事業の強み**であり、急激な需要増を取りこぼすことなく、収益の拡大に結びつけられた理由であると分析できます。

一方、体つきや血流はどうでしょうか。

貸借対照表をみると、当期の総資産は約4.7兆円で、前期から16.7％アップ（⑪）。内訳は、流動資産が約2.9兆円（前期比17.5％増）（⑫）、固定資産が約1.9兆円（同

15.6％（⑬）で、筋肉より脂肪が多めです。

流動資産の約半分を占めるのが現預金で、当期は約1.4兆円と、前期から3368億円増加（⑭）。一方、固定資産の81％は有形固定資産が占めており（⑮）、なかでも建物（⑯）と機械装置（⑰）が計約1.2兆円と、工場や生産設備が大きな割合を占めています。

自分の骨格が8割で安定性抜群 継続的な筋トレで体も巨大化

B/Sの右側をみると、当期の負債は7042億円（⑱）、純資産は4兆円（⑲）で、**自己資本比率は80％を超えており、体の大部分が自分の骨格で支えられていることがわかります。**短期・長期の借入金は計298億円（⑳）で、実質的な借金の大きさがわかるネットD/Eレシオ（→P72）を計算するとマイナスとなり、実質無借金の状態です。**盤石な力士のような体つきで、安全性は全く問題ありません。**

続いて、キャッシュ・フロー計算書から血流を調べてみましょう。

当期は最終利益が大幅に増加した（㉑）ことが主因で、営業CFも前期から42.4％増加

貸借対照表（B/S）より （百万円）

資産の部	22年3月期	23年3月期	
流動資産	2,437,975	2,863,524	⑫
現金及び預金	1,112,775	1,449,617	⑭
有価証券	323,305	151,031	
棚卸資産	453,660	688,477	
固定資産	1,615,436	1,866,870	⑬
有形固定資産	1,290,165	1,518,190	⑮
建物及び構築物	246,154	282,756	⑯
機械装置及び運搬具	788,524	877,848	⑰
無形固定資産	10,535	10,351	
投資その他の資産	314,734	338,328	
資産合計	4,053,412	4,730,394	⑪

（百万円）

負債の部	22年3月期	23年3月期	
流動負債	477,759	507,810	
支払手形及び買掛金	177,682	185,006	
短期借入金	13,461	10,998	⑳
固定負債	146,444	196,375	
長期借入金	16,940	18,812	
負債合計	624,204	704,185	⑱
資本（純資産）の部			
株主資本	3,225,834	3,535,053	
その他の包括利益累計額	100,729	335,341	
純資産合計	3,429,208	4,026,209	⑲
負債及び純資産合計	4,053,412	4,730,394	

し、7880億円の現金が流入しました（㉒）。

一方、投資CFのマイナスは前期から26.5%減少し、1865億円の支出にとどまっています（㉓）。一見、筋トレ量が減ったようですが、これは定期預金と有価証券で計1164億円が流入したため（㉔）。有形固定資産の取得額は2955億円と、前期から997億円増えており（㉕）、筋トレ量も増えています。

ちなみに同社のアニュアルレポートによると、当期は3180億円（前期比48.7%増）の設備投資を実施（㉖）。**毎年、減価償却費（㉗）（筋力の衰え）約1.3～2倍の額を設備の拡充に投資しています。**同社は今後も、シン

テック社の塩ビ等の能力増強、シリコンウエハーをはじめとする電子材料の安定供給のために投資を継続していく予定とのことです。

このように、当期は営業CFが増え、投資CFが減った結果、自由に使えるお金であるフリーCFは前期の約2倍となる6015億円まで増加（㉘）。これを短期・長期の借金の返済（㉙）のほか、自社株買い（→P127）に2068億円（㉚）、配当金の支払いに1954億円（㉛）と、株主還元策の拡充にあてたことで、財務CFは4236億円の支出となりました（㉜）。それでも**手元資金は1.2兆円を超えるにまで増えています**（㉝）。

キャッシュ・フロー計算書（C/S）より

（百万円）

	19年3月期	20年3月期	21年3月期	22年3月期	23年3月期	
営業活動によるキャッシュ・フロー	400,687	412,384	401,176	553,528	788,013	㉒
税金等調整前当期純利益	415,311	426,017	402,145	696,137	1,020,211	㉑
減価償却費	137,570	131,172	143,807	168,788	213,632	㉗
投資活動によるキャッシュ・フロー	−181,553	−394,547	−250,719	−253,723	−186,488	㉓
定期預金の純増減額	55,116	−127,525	−12,334	−40,783	9,995	㉔
有価証券の純増減額	−1,169	−1,063	−5,145	−6,402	106,394	
有形固定資産の取得による支出	−226,768	−268,365	−236,195	−195,775	−295,517	㉕
（参考）設備投資額	−240,618	−265,018	−228,801	−213,918	−318,046	㉖
フリー・キャッシュ・フロー（営業CF＋投資CF）	219,134	17,837	150,457	299,805	601,525	㉘
財務活動によるキャッシュ・フロー	−164,538	−94,055	−91,123	−122,504	−423,559	㉜
短期借入金の純増減額	−298	1,265	701	−1,100	−1,521	㉙
長期借入金の純増減額	−176	7,641	3,782	1,636	−1,029	
自己株式の取得による支出	−89,475	−10,566	−10,657	−5,954	−206,788	㉚
配当金の支払額	−74,655	−87,410	−91,420	−120,481	−195,365	㉛
現金及び現金同等物の増減額	46,678	−83,220	56,471	207,263	238,419	
現金及び現金同等物の期末残高	828,345	745,125	801,596	1,008,925	1,247,344	㉝

投資家はココに注目！

景気減速の影響を抑え、M＆A等でさらに成長できるか

同社は塩ビ事業だけでなく、半導体基板素材のシリコンウエハー事業にも早くから参入し、世界でトップシェアを獲得。競争力のある事業にフォーカスし、足を引っ張るような低収益事業を抱えていない点で、日本の大手メーカーとは一線を画している。

株価は、自社株買い等の株主還元も下支えと

なり、過去5年間で2.2倍に上昇。日経平均（4割上昇）を大きく上回った。次期業績は、世界経済減速の影響から減収減益が予想されており、予想PERは約15倍（23年7月末時点）と日経平均水準にとどまる。M＆A等で成長力を高めれば、景気敏感株から成長株へ投資家の評価を変えられるかもしれない。

実践 06

楽天グループ の決算書を読む

でいうと

運動量、体格は向上も、成果は年々降下。モバイル事業の過負荷に苦しめられる

◎**決算書サマリー**（決算短信【IFRS】連結より）

（百万円）

損益計算書（P/L）

損益計算書（P/L）	21年12月期	22年12月期
売上収益	1,681,757	1,927,878
営業利益	−194,726	−363,892
（売上収益営業利益率）	（−11.6％）	（−18.9％）
税引前利益	−212,630	−407,894
（資産合計税引前利益率＝ROA）	（−1.4％）	（−2.2％）
親会社所有者帰属当期利益	−133,828	−372,884
（親会社所有者帰属持分当期利益率＝ROE）	（−15.7％）	（−39.1％）

財政状態計算書（B/S）※

財政状態計算書（B/S）※		
資産合計	16,831,221	20,437,298
資本合計（純資産）	1,117,290	871,090
（親会社所有者帰属持分比率）	（6.5％）	（4.0％）

キャッシュ・フロー計算書（C/S）

キャッシュ・フロー計算書（C/S）		
営業活動によるキャッシュ・フロー	582,707	−257,947
投資活動によるキャッシュ・フロー	−611,830	−952,408
財務活動によるキャッシュ・フロー	1,402,265	1,486,684
現金及び現金同等物期末残高	4,410,301	4,694,360

次期業績予想

次期業績予想	23年12月期	当期比増減率
売上高	（非開示）	−
営業利益	（非開示）	−
親会社所有者帰属当期利益	（非開示）	−

決算の5つのギモン

① 売上は14.6％増加。何の事業が伸びている？

② 2期連続の営業赤字……足を引っ張っているのは何？

③ 総資産は3.6兆円も増加。増えた要因は？

④ さらに下がる自己資本比率。危険な水準に見えるが……？

⑤ 手元資金は4.7兆円！最終赤字なのになぜこんなに？

年々売上拡大も、赤字も拡大　収益性悪化の原因は何か？

国内最大級のECサイト「楽天市場」ほか、金融、旅行、スポーツなど、多様な事業を展開する楽天グループ。近年はモバイル事業に参入し話題となりましたが、業績はどうでしょうか。

直近5年間の損益状況をみると、売上は1.1兆円から1.9兆円へと75%増え右肩上がりです（①）。ところが、**営業利益は1704億円の黒字から3639億円の赤字へと右肩下がり**（②）。**当期（2022年12月期）の最終損益は、過去最大の3729億円の赤字**となりました（③）。

原因は、営業費用の増加です（④）。なかでも、商品及び役務提供に係る原価が5年間で2.7倍に増加（⑤）。直近3年間は、原価率が4割近く、利益を大きく圧迫しています（⑥）。

この原価に含まれるのが、モバイル基地局の設置・整備費です。楽天は、18年1月にモバイル事業を立ち上げ、12月より基地局の建設を開始。22年12月末時点で、5万2000局を超えました。損益計算書をみると、**基地局の増加に伴い営業費用が大きく膨らみ、利益を毀損している**様子が読み取れます。

さらに詳細を知るため、過去3年分のセグメント損益をみてみましょう（→下グラフ）。楽天の事業は大きく、ECサイトなどのインターネットサービス、楽天銀行・カードなどのフィンテック（金融）、モバイルの3つに分かれます。

なかでも好調なのがフィンテックで、当期は増収増益。売上規模ではインターネットサービスに劣りますが、営業利益は987億円と全事業中トップ。営業利益率も約15%と高収益です。

一方、モバイルは、売上こそ年々増えていますが、営業赤字が2年で約2倍に拡大。当期は4793億円の赤字と、**他の2事業の利益（計1633億円）を大きく上回る損失を出しています**。

今後、基地局設置の完了やARPU※の上昇により、どれだけ早く収益を上げられる体制に移行できるかがポイントとなりそうです。

損益計算書（P/L）より

（百万円）

	18年12月期	19年12月期	20年12月期	21年12月期	22年12月期	
売上収益	1,101,480	1,263,932	1,455,538	1,681,757	1,927,878	①
営業費用	1,027,753	1,266,902	1,579,630	1,966,419	2,254,118	④
商品及び役務提供に係る原価	270,004	383,892	530,977	669,372	716,778	⑤
（売上収益原価率）	（24.5％）	（30.4％）	（36.5％）	（39.8％）	（37.2％）	⑥
営業利益	170,425	72,745	−93,849	−194,726	−363,892	②
（売上収益営業利益率）	（15.5％）	（5.8％）	（−6.4％）	（−11.6％）	（−18.9％）	
親会社所有者帰属当期利益	142,282	−31,888	−114,199	−133,828	−372,884	③

過去3年分のセグメント売上と営業利益の推移

■ 売上収益　■ 営業利益　◆ 営業利益率

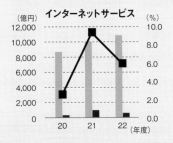

インターネットサービス

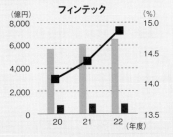

フィンテック

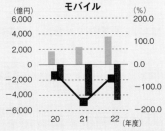

モバイル

※ 1ユーザーあたりの平均的な売上のこと。新規キャンペーンの「月額0円プラン」の終了に伴い、楽天のARPUは上昇しており、22年10-12月期は約1800円となった。一方、他の大手キャリアのARPUは約4000円と、依然として大きな差がある

赤字でもキャッシュは増加 資金繰りに問題はないのか

　4年連続の最終赤字を出した楽天ですが、キャッシュ（血流）の状態はどうでしょうか。

　意外なことに、**当期損益は年々損失が拡大している（⑦）にもかかわらず、現金の残高は、モバイル事業開始前に比べて3.7兆円も増えています（⑧）。**

　内訳をみると、まず営業CFの「銀行事業の預金の増減額」で、5年間で計6.5兆円もの莫大なキャッシュ流入（⑨）があります。これは名前の通り、顧客が銀行に預けているお金のこと。つまり預金額が増加した分だけ、キャッシュの流入がプラスされます。

　注意したいのは、金融事業での資金流入は、金融事業（楽天銀行の業務）でしか使えないということです。従って**資金繰りの実状を知るには、金融事業を除いて考える必要があります。**

　当期の非金融事業のキャッシュ・フロー（→下表）をみると、営業CFは3154億円のマイナス（⑩）で、キャッシュ流出が拡大。投資CFのマイナス（⑪）と合わせた7195億円のキャッシュ流出を、財務ＣＦで補っています（⑫）。しかしそれでも足らず、4141億円ものキャッシュが減少しています（⑬）。

　このように非金融事業に限ってみると、**血液が生産できていないだけでなく、輸血が追いつかず大量出血の状態にあり、決して余裕**があるとは言えません。出血の原因は、やはりモバイル事業の先行投資で、直近3年間は有形固定資産（基地局等）の取得に毎年3000億円近く支払っています（⑭）。

　それでも全体として現金残高が増加しているのは、長短の借入金（⑮）のほか、銀行事業の長期借入金（⑯）があるためです。特に当期は1.8兆円と、莫大な資金を調達しています。楽天銀行の信用力で会社全体の資金不足を補っているようにみえます。

キャッシュ・フロー計算書（C/S）より

（百万円）

	18年12月期	19年12月期	20年12月期	21年12月期	22年12月期	
営業活動によるキャッシュ・フロー	145,615	318,320	1,041,391	582,707	−257,947	
税引前当期利益	165,423	−44,558	−151,016	−212,630	−407,894	⑦
銀行事業の預金の増減額	409,403	805,850	1,555,229	2,130,634	1,571,129	⑨
投資活動によるキャッシュ・フロー	−67,569	−286,290	−303,347	−611,830	−952,408	
有形固定資産の取得による支出	−23,442	−108,065	−279,278	−286,859	−298,666	⑭
財務活動によるキャッシュ・フロー	208,418	458,340	808,108	1,402,265	1,486,684	
短期借入金の純増減額	−51,297	107,701	411,279	−12	122,392	⑮
長期借入れによる収入	290,976	490,805	424,590	151,967	141,269	
銀行事業の長期借入れによる収入	−	−	−	382,600	1,823,800	⑯
現金及び現金同等物の増減額	289,361	488,315	1,542,749	1,388,995	284,059	
現金及び現金同等物の期末残高	990,242	1,478,557	3,021,306	4,410,301	4,694,360	⑧

非金融事業のキャッシュ・フロー（決算スライド資料より）

（百万円）

	18年12月期	19年12月期	20年12月期	21年12月期	22年12月期	
非金融事業の営業キャッシュ・フロー	75,500	49,100	52,900	−87,700	−315,400	⑩
非金融事業の投資キャッシュ・フロー	−36,300	−178,500	−327,900	−373,700	−404,100	⑪
非金融事業の財務キャッシュ・フロー	167,300	173,200	178,300	789,000	305,400	⑫
非金融事業の現金及び現金同等物の増減額	206,500	43,800	−96,600	327,600	−414,100	⑬

総資産は20兆円を突破も 負債の依存度が高く骨は細い

最後に、財政状態計算書※から安全性を調べてみましょう。資産合計は前期から21.4%増え、20兆円の大台を突破（⑰）。ただし顧客の預金なども含まれるため、やはりここでも金融事業を除いて考える必要があります。

楽天の決算スライド資料によると、非金融事業（楽天グループ、楽天モバイル）の総資産合計は約5.5兆円。つまり**体の約4分の3は、金融事業でできている**ことがわかります。

また、現金及び現金同等物は、当期は約4.7兆円保有しています（⑱）が、**非金融事業が保有している現金は926億円しかありません。**

当期の非金融事業のフリーCF（営業CF＋投資CF）が約7200億円のマイナスだったことを考えると、**全く余裕がないことがわかります。**

一方、負債と資本（純資産）の変化をみると、負債は前期から約3.9兆円（24.5%）増加（⑲）、対して資本は2462億円（22%）減少（⑳）しています。**つまり前期からの資産増加は、全て他人資本の増加によるものであり、自己資本比率は6.5%から4.0%に悪化**しました。

また事業別の自己資本比率を計算すると、インターネットは29.3%、モバイルは8.6%、フィンテックは3.2%です。モバイル事業で競合のドコモは68%、KDDIは43%なので、他社に比べ負債への依存度が極めて高い（骨がか細くほとんどない）ことが懸念されます。

財政状態計算書（B/S）より

（百万円）

資産の部	21年12月期	22年12月期	
現金及び現金同等物	4,410,301	4,694,360	⑱
売上債権	307,821	364,186	
証券事業の金融資産	3,088,544	3,430,776	
カード事業の貸付金	2,388,448	2,776,044	
銀行事業の貸付金	2,528,795	3,507,559	
その他の金融資産	642,650	1,213,937	
有形固定資産	975,362	1,262,115	
無形資産	858,997	974,372	
その他の資産	260,418	325,763	
資産合計	16,831,221	20,437,298	⑰

（百万円）

負債の部	21年12月期	22年12月期	
銀行事業の預金	6,848,370	8,419,097	
証券事業の金融負債	3,032,996	3,494,467	
社債及び借入金	1,355,255	1,760,781	
カード事業の社債及び借入金	733,852	812,738	
銀行事業の借入金	1,106,300	2,181,689	
その他の金融負債	1,415,368	1,627,300	
負債合計	15,713,931	19,566,208	⑲
資本（純資産）の部			
資本合計	1,117,290	871,090	⑳
負債及び純資産合計	16,831,221	20,437,298	

投資家はココに注目！

モバイル事業の黒字化のためには、当面の資金繰りが課題

同社に対する投資家の見方は厳しい。株価は過去3年間で40%以上下落。その間、日経平均は40%以上も上昇した（23年7月末時点）ので、80%以上の大きなアンダーパフォームである。モバイル事業での赤字と借入金が拡大するなか、信用格付会社S&Pは、2022年12月に同社の長期格付けをBBへ1段下げた（BBB以上が投資適格）。

23年には時価発行増資や楽天銀行の上場等で資金調達したものの、調達額は非金融事業の有利子負債1.8兆円の2割程度だ。赤字が続くモバイル事業での資金調達の選択肢は限られており、厳しい資金繰りは当面続くと思われる。モバイル事業がどの時点でどれほどの利益とキャッシュを生むのか、投資家は見極めようとしている。

※ 楽天の財政状態計算書には、流動資産、固定資産、流動負債、固定負債の区分がないため、本書もこれにならう

オリエンタルランド の決算書を読む

一言でいうと

客単価増＆設備投資で収益急上昇。運動フォームを改良しコロナ禍を乗り切る！

コロナの大波を乗り越えた！

設備改良

客単価上昇

コロナ禍

◎**決算書サマリー**（決算短信【日本基準】連結より）

（百万円）

損益計算書（P/L）

	22年3月期	23年3月期
売上高	275,728	483,123
営業利益	7,733	111,199
（売上高営業利益率）	（2.8％）	（23.0％）
経常利益	11,278	111,789
（総資産経常利益率＝ROA）	（1.1％）	（9.7％）
親会社株主帰属当期純利益	8,067	80,734
（自己資本当期純利益率＝ROE）	（1.1％）	（10.2％）

貸借対照表（B/S）

総資産	1,086,884	1,206,419
純資産	756,317	829,689
（自己資本比率）	（69.6％）	（68.8％）

キャッシュ・フロー計算書（C/S）

営業活動によるキャッシュ・フロー	54,602	167,729
投資活動によるキャッシュ・フロー	−138,984	−144,426
財務活動によるキャッシュ・フロー	48,933	−10,939
現金及び現金同等物期末残高	129,868	142,232

次期業績予想

	24年3月期	当期比増減率
売上高	543,954	（12.6％）
営業利益	122,169	（9.9％）
親会社株主帰属当期利益	86,991	（7.8％）

決算の5つのギモン

① 売上高75％増、営業利益14倍！客足はどれくらい戻った？

② 営業利益率は20.2ptアップ！収益性が急上昇した理由は？

③ 総資産は1195億円増加。体のどの部分が増えている？

④ 営業CFは前期の3.1倍にアップ！なぜ血液量が激増したのか？

⑤ 2期連続で約1400億円を投資。何の「筋トレ」に使っている？

コロナ禍で運動フォームを改良 客単価上昇で増益に成功！

世界有数のテーマパークである東京ディズニーランド＆シー、ホテルなどを運営するオリエンタルランド。2020〜21年度にかけては、新型コロナの感染拡大により長期休園を余儀なくされたほか、相次ぐ緊急事態宣言で営業時間の短縮、入園者数の大幅制限といった困難に直面しました。コロナ禍の前後で、同社の業績はどのように推移しているのでしょうか。

過去5年間の損益計算書をみると、**コロナ前（19年3月期）と比べ、コロナ禍が直撃した21年と22年の期は売上が大きく減少**（①）。特に21年3月期は、460億円の営業赤字（②）、**さらに上場以来初となる542億円の最終赤字に転落する**（③）など、**相当なダメージを受けていたことがわかります。**

一方、当期（23年3月期）の売上高は4831億円（前期比75.2％増）、営業利益は1112億円

（前期比14.4倍）と前期から急増。コロナ禍のダメージが深刻化する前の期（20年3月期）をやや上回る水準にまで回復しています。

注目したいのが、粗利率の高さです。19年3月期と比べ、売上は約8％下がっているものの、粗利率は0.6ポイント上昇しています（④）。

その要因は、客単価の上昇にあります。下のグラフをみると、19年3月期と比べて年間入園者数は1047万人（32.2％）も少ない一方で、**客単価は3933円（33.3％）上がっています。**

実は同社は長年、来園者数が増加することでアトラクションの待ち時間が増え、顧客満足度が低下するジレンマに悩まされていました。そこでコロナ禍で客足が急減したのを機に、戦略を転換。チケットの販売数を絞りながら、変動価格制やプレミアムアクセス※を導入することで、**混雑を解消して顧客満足度を上げると同時に、収益性を高めることを実現。運動フォームの改良に成功したのです。**

損益計算書（P/L）より

（百万円）

	19年3月期	20年3月期	21年3月期	22年3月期	23年3月期	
売上高	525,622	464,450	170,581	275,728	483,123	①
売上原価	326,283	300,601	169,678	209,983	296,895	
売上総利益	199,339	163,849	902	65,744	186,227	
（粗利率）	（37.9％）	（35.3％）	（0.5％）	（23.8％）	（38.5％）	④
営業利益	129,278	96,862	−45,989	7,733	111,199	②
（売上高営業利益率）	（24.6％）	（20.9％）	（−20.7％）	（2.8％）	（23.0％）	
親会社株主帰属当期純利益	90,286	62,217	−54,190	8,067	80,734	③

年間入園者数とゲスト1人当たり売上高の推移

■ 年間入園者数　─■─ 1人当たり売上高

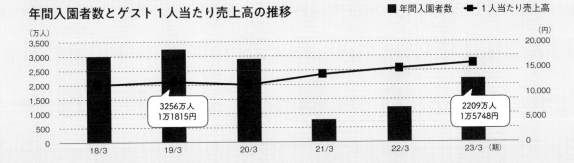

※ 変動価格制は、チケット代が平日や閑散期は安く、休日や繁忙期は高くなるシステム。23年10月以降、大人は7900〜10900円。プレミアムアクセスは、入園チケット代とは別に数千円支払うことで、優先的に乗車や観覧ができるシステム

血液生産量は完全に回復 コロナ禍でも筋トレを継続する

続いて、キャッシュ・フロー計算書から血流の状態をみてみましょう。

当期の営業CFは1677億円で、**前期の3.1倍に大幅アップ。コロナ前の19年3月期を上回る血液（現金）を生み出せています**（⑤）。

理由は当期純利益が大きく回復した（⑥）こと、そして減価償却費の足し戻し（→P44）が19年3月期と比べて81億円（21.2%）増加したためです（⑦）。減価償却費が増えたのは、それだけ有形固定資産が増えたことを意味します。

実際に投資CFをみると、**20年3月期以降、営業CFが激減したにもかかわらず、有形固定資産の取得による支出は増加しています**（⑧）。さらに詳しく、営業CFと設備投資額の推移（→下グラフ）をみると、同社は20

年3月期から22年3月期にかけて営業CFを超える設備投資を行っており、**20年3月期は営業CFの倍近く、21年3月期は営業CFがマイナスにもかかわらず1000億円超の投資を実施**。「美女と野獣」「ベイマックス」のアトラクションや「ファンタジーランド・フォレストシアター」をオープンさせ、ゲストを呼び戻す起爆剤となりました。**出血で苦しい時期でも、筋トレでタフな体づくりを進める、同社の攻めの経営姿勢がうかがえます。**

では、これらの設備投資の資金はどのように調達したのでしょうか。財務CFをみると、過去5年間で、長期借入で計194億円（⑨）、社債の発行で計2294億円（⑩）の収入があったことがわかります。それでも21年、22年の期は輸血が足りずに、計1313億円の現金が流出（⑪）。手元資金は、ピーク時（20年3月期）の半分近くまで減っています（⑫）。

キャッシュ・フロー計算書（C/S）より

（百万円）

	19年3月期	20年3月期	21年3月期	22年3月期	23年3月期	
営業活動によるキャッシュ・フロー	134,974	73,336	−23,834	54,602	167,729	⑤
税金等調整前当期純利益	129,439	89,133	−67,804	11,699	112,028	⑥
減価償却費	38,214	39,447	45,899	44,103	46,327	⑦
投資活動によるキャッシュ・フロー	−135,360	20,534	−160,738	−138,984	−144,426	
有形固定資産の取得による支出	−78,574	−126,974	−111,607	−98,838	−88,517	⑧
財務活動によるキャッシュ・フロー	36,601	−55,257	88,724	48,933	−10,939	
長期借入れによる収入	3,850	5,000	3,736	6,773	−	⑨
社債の発行による収入	49,855	−	99,707	79,820	−	⑩
配当金の支払額	−13,134	−14,444	−11,439	−8,511	−10,809	
現金及び現金同等物の増減額	36,200	38,613	−95,847	−35,448	12,363	⑪
現金及び現金同等物の期末残高	222,551	261,164	165,317	129,868	142,232	⑫

営業CFと設備投資額の推移

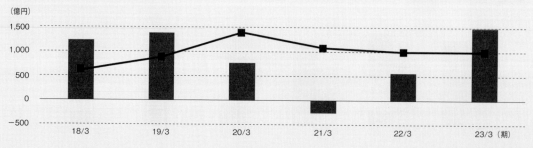

自己資本比率は7割近く頑丈 債務返済能力も極めて高い

　多額の社債の発行や手元資金の流出で、健康状態に異常は生じていないのでしょうか。最後に貸借対照表を調べてみましょう。

　当期の資産合計は1.2兆円で、前期から11.0％増加（⑬）。**体つきはやや大きくなりました。** 資産合計の増加分1195億円のうち、流動資産が775億円（64.9％）と多くを占めており（⑭）、現預金も回復傾向にあります（⑮）。

　巨大化（資産の増加）は何によって支えられているのか、貸借対照表の右側をみてみましょう。当期は、負債が462億円（14.0％）増加（⑯）、純資産が734億円（9.7％）増加（⑰）。その結果、自己資本比率（→P72）は、69.6％から68.8％へと0.8ポイント低下しました。ちなみにコロナ禍前（19年3月期）の自己資本比率は76.4％で、そこから7.6ポイント低下していますが、**コロナ禍で大きなダメージを受けたにもかかわらず依然として自分の骨格が7割近くを占めており、財務基盤は堅牢です。**

　また、負債のうち、有利子負債（短期＆長期の社債と借入金の合計額）の増減を調べると、前期が2426億円だったのに対し、当期は2410億円とわずかに減少（⑱）。ネットD/Eレシオ（→P72）を計算すると、前期は0.06倍、当期は0.03倍と下がっています。一般に、ネットD/Eレシオの警戒水準は2倍以上とされていることからも、**同社の債務返済能力は極めて高いと言えます。**

貸借対照表（B/S）より

（百万円）

資産の部	22年3月期	23年3月期	
流動資産	271,410	348,941	⑭
現金及び預金	199,870	213,234	⑮
売掛金	15,373	22,055	
有価証券	34,997	84,994	
固定資産	815,474	857,477	
有形固定資産	720,241	771,518	
建物及び構築物	322,830	335,551	
無形固定資産	18,329	17,492	
投資その他の資産	76,903	68,467	
資産合計	1,086,884	1,206,419	⑬

（百万円）

負債の部	22年3月期	23年3月期	
流動負債	85,247	161,249	
1年内償還予定の社債	−	30,000	
1年内返済予定の長期借入金	5,246	5,557	
固定負債	245,320	215,480	⑱
社債	230,000	200,000	
長期借入金	7,401	5,407	
負債合計	330,567	376,730	⑯
資本（純資産）の部			
純資産合計	756,317	829,689	⑰
負債及び純資産合計	1,086,884	1,206,419	

投資家はココに注目！

業績回復後、新規事業でさらに成長を促進できるかがカギ

　同社は体験価値の向上に戦略転換し、入場人数を制限しつつ客単価を上げることに成功した。次年度は、40周年記念イベントや海外客の戻りを主因に、売上13％増、営業利益10％増を見込んでいる。第1四半期決算は、売上が43％増、営業利益が2.3倍と好調で、上半期予想に対する達成率は売上で55％、営業利益で70％に達した。

　業績の急回復により、株価は過去1年間で約30％上昇。予想PERは95倍と極めて高い水準だ（23年7月末時点）。これは短期的な業績上振れ期待と、中長期の高い成長期待の表れだろう。テーマパークを中心とした既存事業で付加価値を高めつつ、新規事業を育ててさらに成長を促進させ投資家の期待に応えていけるのか、注目だ。

INDEX

AUTHOR

佐伯良隆（さえき よしたか）

早稲田大学政治経済学部卒。ハーバード大学経営大学院修了（MBA）。日本開発銀行（現日本政策投資銀行）にて企業向け融資業務に携わるほか、財務研修の企画および講師を務める。その後、米国投資顧問会社であるアライアンス・バーンスタインで株式投資のファンドマネジャーを務めるなど、金融の最前線で活躍。現在は、グロービス経営大学院教授（ファイナンス）。また、企業の財務アドバイザーを務めている。さらに、自身の英語スキルと経験を生かし、吉祥寺英語塾を主宰。主に中高生を対象とした実践的な英語教育に取り組んでいる。

100分でわかる！
決算書「分析」超入門 2024

2023年10月30日第1刷発行

著 者　佐伯良隆
発行者　宇都宮健太朗
発行所　朝日新聞出版
　　　　〒104-8011 東京都中央区築地5-3-2
　　　　電話 03-5541-8832（編集）
　　　　　　 03-5540-7793（販売）
印刷製本　共同印刷株式会社